Martina, Johannes F. und Tobias Hartkemeyer • Dialogische Intelligenz

Martina, Johannes F. und Tobias Hartkemeyer

Dialogische Intelligenz

Aus dem Käfig des Gedachten
in den Kosmos gemeinsamen Denkens

Mit einem Vorwort von Gerald Hüther

Bibliographische Information der Deutschen Nationalbibliothek
Die Deutsche Nationalbibliothek verzeichnet diese Publikation in der Deutschen Nationalbibliographie; detaillierte bibliographische Daten sind im Internet über http://dnb.ddb.de abrufbar.

ISBN 978-3-95779-033-0

Erste Auflage 2016
Zweite Auflage 2016
Dritte Auflage 2018
Vierte Auflage 2022

© 2016 Info3-Verlagsgesellschaft Brüll & Heisterkamp KG, Frankfurt am Main
Typographie und Satz: Anke Okyere, Info3 Verlag
Umschlag: Frank Schubert, Frankfurt am Main (VG Bild Kunst)
Druck und Bindung: Dilling Printmedien, Kreuztal
Gedruckt auf Nautilus 100% recycled Papier

www.info3.de

Inhalt

Vorwort 9
Einleitung 13

1. Von der Fragmentierung des Denkens zum Potential des Dialogs 17
Der Feind ein Mensch? – 24. Dezember 1914 17
Bubers Ahnung 20
Bohms Defragmentierung 22
Den Blick weiten – das Potential des Dialogs 23
    Wie bestimmt unsere Wahrnehmung unsere Welt? 24
    Paradoxien und Fragmentierung des Denkens erkennen 27
    Weltbild-Gymnastik 28

2. Der Dialog – Grundlage demokratischen Denkens 33
Der mühsame Weg aus der Höhle der Unmündigkeit 33
    „Umständliche" Palaver 34
    Agora und Ubuntu 35
    Die Dialogkultur des Irokesenbundes 36
Dialog und Diskurs in philosophischen Theorien 38
    Der Diskurs nach Habermas 38
    Der Diskurs nach Foucault 40
„Philosoph ist jeder, der eine wirkliche Frage stellen kann" –
Ein Gespräch mit Hans-Georg Gadamer 41
„Ich glaube an die Kraft des Dialogs" – Ein Gespräch mit Edgar Morin 48
Verstehen ist nicht Verständnis 53

3. Licht im Schatten der Erkenntnis 55
David Bohm und Martin Buber 55
    Dia-logos = Fließen von Sinn 57
    David Bohms Sinnsuche 59
    Martin Bubers Hoffnung auf Begegnung statt Vergegnung 62
    Martin Buber: Das echte Gespräch 63

    Eine Frage der inneren Haltung 66
Ruth Cohns Lebenslerndialog 68
Befreiung aus Denk-Gefängnissen – Ein Gespräch mit Ruth Cohn 71
Verena Kasts Schattentransformation 74
    Schattenarbeit – sich selbst im Anderen verstehen 75
Den inneren Schatten entdecken – Ein Gespräch mit Verena Kast 76
Annahmen, Bewertungen, Vorurteile in der Schwebe halten 80
    Lernen, die eigenen Schatten wahrzunehmen 80

4. Dem Geist eine Form geben – form follows function 85
Entwicklung von Form und Vereinbarung 85
Kreative Hirnfrequenz durch Verlangsamung 91
Formen des Dialogs 92
    Wirkungen 92
Dialogprozess-Begleitung 93
    Sich selbst vergessen 99

5. Ein Kompass im Reich des Nicht-Wissens 101
Licht und Last der Aufklärung 101
Die Welt als Objekt unserer Methoden? 102
Zwischen Lernen und Wissen – die Landkarte des Nicht-Wissens 104
    Forschungsfragen für die Landkarte im Reich des Nichtwissens 106
Dialogische Prozesse in komplexen Systemen 108
„Am Rande des Chaos sind wir am kreativsten" – Ein Gespräch mit Brian Goodwin 109

6. Pädagogische Haltegriffe in der Landschaft des Lernens 115
Dialog als ein Weg zur Freiheit des Denkens 116
Lernende Haltung 119
Radikaler Respekt 121
Von Herzen sprechen 123
Generatives Zuhören 125
    Momos Zuhören 126
Annahmen und Bewertungen suspendieren 129
Erkunden 131
Produktiv plädieren 133
    Eine unschuldige Frage: Parzivals Dilemma 134
Offenheit 137

Verlangsamung 139
Die Beobachterin beobachten 141
Beziehung der dialogischen Kernfähigkeiten 142
Die „Leiter der Schlussfolgerungen". 144
Die zehn Kernfähigkeiten auf einen Blick 148
Der sichere Weg aus der Dialogfalle – Versuch einer paradoxen Intervention 148

7. Was macht der Geist im Körper? 151
Über das Potenzial des Herzens – Ein Gespräch mit Jorge Reynolds 152
Wie unser Denken Körper und Gene verändert 157
„Wir brauchen bewussten Dialog zwischen Körper, Geist und Seele" –
Ein Gespräch mit Ernest L. Rossi. 157

8. Mit Parzival und Artus auf dem Weg 161
Dialog und Organisationsentwicklung 161
Eine persönliche Suche nach ganzheitlichem Denken 163
    Kindliche Verbundenheit und die Erfahrung der Fragmentierung 163
    Die Subjekt-Objekt-Spaltung und die Fragmentierung der Welt 165
    Die gemeinsame Grundstruktur von Geist und Materie 167
    Sich selbst zum Ausgangspunkt machen 169
    Innere Klarheit Schaffen –
    Personal Mastery und die Nebenübungen Rudolf Steiners 171
Dialogische Intelligenz – ein Ausblick 175

Nachwort von Mohamed Adel Mtimet: Ein Tag der Freude und der Hoffnung für den Dialog
Zur Verleihung des Friedensnobelpreises 2015 an das Dialog-Quartett in Tunesien 183

Literatur 187
Abbildungsverzeichnis 195

Vorwort

Mit Hilfe unseres hochentwickelten Gehirns sind wir Menschen so gut wie keine andere Spezies in der Lage, vorausschauend zu denken, Wissen und Erfahrungen zu sammeln und Zusammenhänge aus unseren Beobachtungen abzuleiten. Wir können die hinter der Oberfläche wahrgenommenen Phänomene, verborgenen Prinzipien und Gesetzmäßigkeiten erkennen und eigene Vorstellungen darüber entwickeln, worauf es im Leben ankommt, wie wir uns mit dem, was uns umgibt, in Beziehung setzen, wer wir sind und wie wir leben wollen. Diese außergewöhnlichen Fähigkeiten, also diese typisch menschliche Form von Intelligenz, so denken die meisten Menschen bis heute, verdanken wir der enormen Komplexität unseres Gehirns. Deshalb halten wir manche Menschen für intelligenter als andere, wir glauben, diese Fähigkeit sei in deren Genen verankert und haben im letzten Jahrhundert Verfahren entwickelt, um den Intelligenzquotienten eines einzelnen Menschen zu messen und ihn danach als mehr oder weniger intelligent zu bewerten.

Aber wir Menschen hören ja nicht auf, neues Wissen zu erwerben, neue Zusammenhänge zu erkennen. Deshalb ist es bisweilen ebenso schmerzhaft wie unvermeidlich, dass sich unsere einmal anhand des damaligen Erkenntnisstandes gewonnene Vorstellungen über kurz oder lang als unvollständig, unzutreffend oder gar irreführend erweisen.

Ausgelöst werden solche Infragestellungen des bisher für richtig Gehaltenen durch neue Erkenntnisse, zu denen einzelne Wissenschaftsdisziplinen, meist durch die Einführung neuer Messverfahren beitragen. In der Hirnforschung ist das in den letzten Jahrzehnten geschehen. Aus ihren neuen Erkenntnissen haben die Hirnforscher Vorstellungen abgeleitet, die sich inzwischen immer weiter ausbreiten und vieles in Frage stellen, was wir bisher geglaubt und zur Grundlage unseres Handelns, auch der Art unseres Zusammenlebens gemacht hatten: Genetisch verfügt jeder Mensch nur über das Potential, hochkomplexe Vernetzungen der Nervenzellen in seinem Gehirn herauszubilden und zu stabilisieren. Ob und in welchem Umfang es dem Einzelnen gelingt, dieses Potential auch zu entfalten, hängt von den Erfahrungen ab, die sie oder er zum Teil schon vorgeburtlich im Mutterleib, als Kleinkind in seiner Herkunftsfamilie, als Heranwachsender, in der Schule und sonstigen Bildungseinrichtungen und später, als Erwachsener zu manchen Gelegenheiten macht oder leider allzu oft auch machen muss. Und all diese Erfahrungen machen Menschen primär in ihrer Beziehung zu anderen Menschen. Ihr Gehirn wird also in viel stärkerem Maß als bisher angenommen durch Beziehungserfahrungen mit anderen strukturiert, es ist also ein soziales Konstrukt. Und weil jeder dabei andere Erfahrungen macht, bekommt er auch ein einzigartiges Gehirn, und das hat sich dann auch zwangsläufig so strukturiert, dass er sich damit so gut es nur immer möglich war in seiner jeweiligen Lebenswelt zurechtgefunden hat und meist auch weiterhin einigermaßen zurechtfindet.

Ohne den Austausch mit anderen Menschen wäre kein Kind überlebensfähig und hätte nichts von all dem gelernt, was er oder sie heute kann und weiß.

Aus dieser Erkenntnis lässt sich nur eines ableiten: Intelligenz erweist sich bei genauerer Betrachtung gar nicht als eine individuelle Fähigkeit, sondern ist immer das Ergebnis des Austausches von Wissen und Erfahrungen mit anderen Menschen. Wir sind also auf diesen Austausch angewiesen. Wenn er nicht funktioniert, verblöden wir kollektiv. Und er funktioniert eben nicht, er kann nicht funktionieren, solang sich einer für klüger und intelligenter hält als alle anderen und den anderen vorzuschreiben versucht, wie sie was zu denken, was sie, auch in Gedanken zu tun und zu lassen haben. Oder, mit anderen Worten, solange Menschen einander zu Objekten ihrer Belehrungen, ihrer Vorstellungen, ihrer Bewertungen oder gar ihrer Maßnahmen machen. Wir leben aber gegenwärtig noch in einer Welt, in der das Denken, Fühlen und Handeln der meisten Menschen durch die überholten Vorstellungen aus dem vorigen Jahrhundert geprägt sind. Wie kann es gelingen, dass sich künftig immer mehr Menschen auf einen solchen Austausch, auf eine Begegnung von Subjekt zu Subjekt einlassen? Ja mehr noch, nicht nur einlassen, sondern es als Bereicherung erleben und es mit Freude versuchen? In diesem Zusammenhang freut es mich besonders, dass der Dialogprozess in Tunesien mit dem Friedensnobelpreis 2015 ausgezeichnet wurde. Es zeigt sich, dass Dialogische Intelligenz die Kraft besitzt, die besten Potentiale des Menschen zu wecken.

Damit bin ich nun auch endlich bei diesem Buch von Johannes, Martina und Tobias Hartkemeyer angekommen. Denn was sie hier in leicht verständlicher und ebenso überzeugender wie praktisch umsetzbarer Weise zusammengetragen haben, ist nichts anderes als eine liebevolle Einladung und eine sehr gut begründete Ermutigung, es zunächst einmal einfach nur zu versuchen. Nur dort, wo Menschen miteinander in einen bewussten Dialog eintreten und ihre unterschiedlichen Erfahrungen, ihr jeweiliges Wissen und Können und auch ihre voneinander abweichenden Erkenntnisse, Vorstellungen und Überzeugungen austauschen, können auch für alle Beteiligten neue Sichtweisen entstehen und Perspektiven erweitert werden. In Konfliktsituationen bestehen bessere Chancen, auf diese Weise annehmbare und zwangsläufig auch nachhaltige Lösungen zu finden. Und je verschiedener der Schatz an individuell gemachten Erfahrungen ist, der auf diese Weise von Menschen geteilt wird, desto allgemeingültiger werden auch die aus einem solchen Dialog gewonnenen Erkenntnisse. Aber lesen Sie selbst, ich bin sicher, Sie bekommen dann Lust, es einfach auszuprobieren.

Gerald Hüther

Einleitung

Fragen Sie sich manchmal auch, wie man sich angesichts der flirrenden Meinungen, gegensätzlichen Kommentare, unterschiedlichen Stellungnahmen, unbefriedigenden Gespräche ein tragfähiges Bild von unserer Welt machen kann? Denken Sie manchmal darüber nach, welche Zukunft unseren Kindern angesichts der Zunahme der weltweiten Konflikte und Katastrophenszenarios bevor steht? Sehnen Sie sich manchmal auch nach wirklich ernsthaften Gesprächen, wo wir uns gegenseitig mit neuen Ideen befruchten?

Immer mehr Menschen setzen sich mit diesen Fragen auseinander. Es scheint so, dass wir eine neue *dialogische Intelligenz* brauchen. Eine Intelligenz, die unsere menschlichen Möglichkeiten besser entfalten kann. Denn fast alle Probleme, mit denen wir heute umgehen müssen, sind Folgen der Problemlösungen von gestern. Wir können aber, wie Einstein sagte, unsere heutigen Probleme nicht mit dem gleichen Denken zu lösen versuchen, das sie geschaffen hat.

Der Dialog, hier verstanden als eine freie Form systemischer Entfaltung von Intelligenz in Gruppen, Familien oder Organisationen, also in und zwischen Menschen, ist das Thema dieses Buches. Unsere bisherigen Veröffentlichungen *Das Geheimnis des Dialogs* und *Die Kunst des Dialogs*, die eng mit unserer praktischen Dialogarbeit zu tun haben, sind nach teilweise mehreren Auflagen sowie Übersetzungen vergriffen.

Mittlerweile hat sich aber ein vielfältiges Netz von Dialoginitiativen entwickelt, die in verschiedenen Organisationen, Projekten, Unternehmen oder Verwaltungen aktiv geworden sind und eine Idee und auch eine Erfahrung davon vermitteln, wie wir anders miteinander umgehen können. Etliche Ausbildungen zur Dialogprozess-Begleitung haben Menschen aus den verschiedensten Berufsgruppen motiviert, eigenverantwortlich tätig zu werden, um neue Denk- und Beziehungsqualitäten zu vermitteln.

Der Dialog ist eine, wie wir zeigen werden, ursprüngliche Form der Entwicklung von Gruppenintelligenz und Entscheidungsfindung in der Geschichte der Menschheit. Aufgegriffen und weiterentwickelt wurde diese Form nicht nur von Dialogikern wie Martin Buber, sondern auch von Quantenphysikern wie David Bohm. Unter anderem haben die Forschungen am Massachusetts Institute of Technology (MIT) in Boston einen weiteren Impuls gegeben, den Dialog in der Organisationsentwicklung zu verankern und ihn von der Diskussion zu unterscheiden. Die Großgruppenforschung, aber auch die moderne Hirnforschung zeigen, dass der Dialog ein ideales natürliches Verfahren ist, sowohl der Arbeitsweise unseres Gehirns besser zu entsprechen, als auch den ganzen Körper zu umfassen. Dieses zeigen in überzeugender Weise mehrere Beiträge in diesem Buch auf. Im Dialog liegt die Chance nicht nur Denkprozesse zu erweitern und Gruppenprozesse zu qualifizieren, sondern auch einen Beitrag zur psycho-physiologischen Gesundheit zu liefern. Angesichts der zunehmenden Fragen von Menschen nach dem Sinn ihres Daseins und dem massenhaften Burn-Out-Phänomen ist das keine zu unterschätzende Wirkung.

Die feminin-maskulin Formulierungen sind in diesem Buch nicht einheitlich gehandhabt. Um unsere Leserinnen und Leser in einer kreativen Spannung zu halten, wechseln wir die männliche und weibliche Schreibweise.

Dieses Buch will einen Beitrag bieten, geschöpft aus den Erfahrungen mit dem Dialog in zahlreichen Projekten in Form einer Weiterentwicklung unserer bisherigen Grundlagenbücher.

Dieses Buch erscheint in der neuen Reihe als Gemeinschaftsprojekt von:
- Deutsches Institut für Dialogprozess-Begleitung, Bramsche (D) (www.dialogprojekt.de)
- Institut Dialog Transnational, Berlin (D) (www.dialog-transnational.eu)
- Im Dialog e.V. – Verein für dialogische Lern-, Lebens- und Beziehungskultur, Dortmund (D) (www.im-dialog-ev.de)

- Gedankenwerk e.V., Partizipation fördern, Potenziale stärken, Perspektiven entdecken, Essen (D) (www.gedankenwerk.ruhr)
- Dialogprojekt Arbogast, Götzis (A) (www.arbogast.at)
- European Network for Dialogue Facilitation (www.dialogue-facilitators.eu)
- Dialogschmiede e.V., Stuttgart
- Dialogzentrum Hamburg (www.dialogzentrumhamburg.de)

„Mit der zwischenmenschlichen Kommunikation steht es schon seit langem nicht zum Besten und Dialog bezieht sich auf diese Tatsache. Hauptbedeutung und Zielsetzung des Dialogisierens liegt aber nicht vorrangig in einer Verbesserung der zwischenmenschlichen Kommunikation. Dialog zielt viel tiefer: Er lenkt unsere Aufmerksamkeit direkt auf vorhandene Kommunikationsblockaden; er bemüht sich weniger um deren begriffliches Verständnis, sondern er geht vielmehr direkt auf diese los. Er zielt auf eine unmittelbare Wahrnehmung gegebener Kommunikationswiderstände. Im Dialog zeigen wir die Bereitschaft, ernsthaft all jene Lebensthemen zu erörtern, die uns große Schwierigkeiten machen." (*David Bohm*)

Es hat kein Licht geregnet

*Es hat seit Tagen kein Licht geregnet
Die Brunnen in vielen Augen
Sind von der Dürre gequält.*

*Deshalb sind Freunde
Nicht leicht zu finden
In dieser Öde.*

*Wo fast jeder krank geworden ist
Vom eifersüchtigen Betrachten
Des Nichts.*

*Auf dieser Karawane
Durch glühende Wüstenhitze
Können Karrieren und Städte real erscheinen.*

Aber ich sage denen, die mir nahe stehen:

*„Geht nicht in ihnen verloren,
Es hat dort seit Tagen kein Licht geregnet.*

*Schaut, fast jeder ist erkrankt
Vom Lieben
Des Nichts."*

Hafiz (1320-1389)

(Übersetzungen der Hafizgedichte von Ilserose Vollenweider)

1. Von der Fragmentierung des Denkens zum Potential des Dialogs

Der Feind ein Mensch? – 24. Dezember 1914

Ypern, 24. Dezember 1914. Morgengrauen. Endlich hatte der eiskalte Dauerregen aufgehört. Stille. Von fern einige Schüsse. MG Schütze Franz Meyer vom Sächsischen Jägerbataillon Nummer sechs nahm sein Scherenfernrohr und suchte die britischen Linien ab. Die Royal Welsh Fusiliers lagen nur etwa 80 Meter weiter im Westen in den Gräben. Ihre Scharfschützen waren so aufmerksam, dass er seine Pickelhaube gegen ein Käppi ausgetauscht hatte.

Der Scheißbrite! Nur etwa zehn Meter vor ihm hing er schon seit Wochen im Stacheldrahtverhau. Seine Hand wie zum Gruß erhoben. Der Gestank bestialisch. Wann waren die Ratten endlich fertig? Aber die hatten zu viel zum Fressen. Was stand noch in weißen Lettern an den Zügen, die sie zur Front brachten?
„Jeder Tritt ein Britt!" „Jeder Stoß ein Franzos!" „Jeder Schuss ein Russ!" „Serbien muss sterbien!"
Meyer nahm fröstelnd seine Schnupftabakdose aus der Manteltasche. Wie viele hundert Male hatte er schon das abgegriffene Bild in den Fingern gehabt. Seine Frau Anna, seine Kinder Theo und Sophie, drei und fünf Jahre alt. Weihnachten! Mit einem weihnachtlichen Gruß hatte die Oberste Heeresleitung ausklappbare Weihnachtsbäume und Kerzen an die Front geschickt. „Die stellen wir heute Nacht auf, wenn die Briten still sind", hieß es unter den Kameraden. Bedenken wurden weggewischt. Die wissen doch sowieso, wo unsere Linien sind.
Eiskalte Nacht. Klarer Sternenhimmel. Vollmond. Die Kerzen leuchten wie eine Perlenkette über den deutschen Linien. Irgend-

wer stimmt an: „Stille Nacht, heilige Nacht." Nach und nach folgen tausend raue Männerstimmen. „Es ist ein Ros entsprungen."

In den britischen Stellungen bleibt es verdächtig ruhig. Eine Minute nach dem letzten Ton ertönt erst zaghaftes, dann ein massenhaftes Klatschen: „Good, old Fritz!" Und: „More, more."

Die „Fritzen", sonst auch gern „Hunnen" genannt, versuchen so gut es ging ein „Merry Christmas Englishmen", ergänzt durch „we not shoot, you not shoot!" von MG Schütze Meyer.

Die Hunnen scheinen es ernst zu meinen. Franz verlässt seine Sandsackstellung und schwingt sich auf die Brustwehr. Kein Schuss. Das Niemandsland in vollem Licht der Gestirne. Überall Bewegung. Briten und Deutsche, zunächst verunsichert ob der völlig wundersamen Situation, kommen aus ihren Gräben und Löchern. Franz voran.

Ein britischer Soldat läuft ihm entgegen. Glitzert eine Träne in seinem Auge? „I am John". „My Brother" er weist auf den Toten im Stacheldraht. Gemeinsam versuchen sie vorsichtig seine Überreste aus dem Stacheldrahtverhau zu bergen. John fingert ein vergilbtes Foto mit seinem Bruder Frank und seinen Eltern aus der Brusttasche. Auch Franz öffnet seine Tabaksdose. Sie nehmen sich in den Arm...

Im Wahnsinn des Stellungskrieges gab es im ersten Weltkrieg diese besondere Situation, in der Menschen sich verweigerten und ausstiegen aus der verordneten Hysterie. Weihnachten 1914 geschah dieser Augenblick des Innehaltens, der uns zeigt: Es ist auch unter extremsten Bedingungen möglich, anzuhalten und zurückzutreten von dem verordneten Bild und sich grundsätzliche Fragen, wie wir in der Welt sein wollen, neu zu stellen.

Ein hunderttausendfaches Wunder an Weihnachten 1914 in verschiedenen Frontabschnitten. Keine deutsche Zeitung berichtete. Eine extrem gefährliche Fraternisation, urteilte die deutsche Heeresleitung. Die Truppen müssten sofort ausgetauscht und an fremde Frontabschnitte verlegt werden! Stoßtruppeneinsätze müssten die permanente Kampfbereitschaft aufrechterhalten!

Szenenwechsel:
Der Gefreite Adolf Hitler lag bei Wijschote in Stellung und war ent-

1. Von der Fragmentierung des Denkens zum Potential des Dialogs

setzt über den seltsamen Weihnachtsfrieden. Seinen Kameraden Heinrich Luganer vom 16. bayerischen Reserve Infanterieregiment fuhr er an: „Es ist aufs Schärfste zu missbilligen, dass deutsche und britische Soldaten im Niemandsland sich die Hände reichen und miteinander Weihnachtslieder singen, anstatt auf einander zu schießen. So was darf in Kriegszeiten nicht passieren!"[1]

Die bewegenden Weihnachtsgeschichten an West- und Ostfront 1914 zeigen, dass auch in Zeiten aussichtslos erscheinender Unmenschlichkeit andere Optionen bestehen können. Sie umzusetzen braucht Mut, Vertrauen und das Verlassen von Denkschablonen, Hierarchien und Feindbildern, eine Begegnung von Mensch zu Mensch ist Voraussetzung.

Ein überlebender Zeitzeuge, Murdoch M. Wood sagte 1930 in einer Anhörung vor dem britischen Parlament: „Wenn es nach uns gegangen wäre, hätten die Soldaten niemals wieder zu den Waffen gegriffen."

Zersplittert und fragmentiert in Nationen, Truppeneinheiten, Hierarchieebenen, Funktionsträger werden Menschen zu Figuren und Funktionen in einer von Macht und Ohnmacht getragenen Selbstzerstörungsmaschinerie degradiert. Und diese Zersplitterung kultiviert den „Blutrausch", der immer wieder auch literarisch überhöht zu „Heldenmut" ästhetisiert wird. Der bis in die bundesrepublikanische Zeit vergötterte Ernst Jünger schrieb in seinem Buch *In Stahlgewittern*: „Ran! Kein Pardon. Wut. Aus Stollen Schüsse. Handgranaten rein. Geheul. Über den Damm. Einen am Hals. Hände hoch! Sprungweise hinter Feuerwalze vor. Melder. Kopfschuss. Sturm auf MG Nest. Mann hinter mir fällt. Schieße Richtschützen ins Auge. Handgranaten. Drin! Allein, Streifschuss, Wasser, Schokolade. Weiter. Einige fallen. Zwei Mann laufen zurück. Kopfschuss, Bauchschuss. Bin grimmig. Engländer fliehen aus Baracken, einer fällt. Stockung. Befehle Sturm gegen Dorfrand Brancourt. Volltreffer, Verluste, vor!"[2]

> *„Ich habe Angst, dass ich zu einer Figur werde!"*
>
> Fion, sechs Jahre, im ersten Schuljahr nach einigen Wochen Schulerfahrung

---

1 Nach Michaël Jürgs, *Der kleine Frieden im großen Krieg.* C. Bertelsmann, Gütersloh 2003/4, S.91
2 Ernst Jünger, *In Stahlgewittern*, E. S. Mittler Verlag, Berlin 1929/9, S.VIII

Was ist verrückt – was ist normal?
93 berühmte Ärzte, Naturwissenschaftler, Historiker, Dichter, Künstler und Geistliche verfassten 1914 einen flammenden Aufruf zum Krieg und begeisterten sich für den deutschen Militarismus. Einzig der pazifistische Außenseiter, der Herzspezialist Georg Friedrich Nicolai widersetzte sich. Mit einem Gegenaufruf an alle Europäer rief er zum Frieden und zu einem vereinten Europa auf. Er musste aus Deutschland flüchten und ihm wurde noch 1920 – angesichts der verheerenden Niederlage – einstimmig vom Senat der Berliner Universität wegen „Defätismus" jede Lehrtätigkeit untersagt. Vielleicht war Nicolai ein Abweichler von psychopathologischem Ausmaß. „Aber," so schreibt Horst Eberhard Richter in seiner Autobiografie, „ich habe ohnehin gelernt, den landläufigen Begriff von Gesundheit in Zweifel zu ziehen." War Nicolai nicht „in einem höheren Sinn gesünder als die Masse der konfliktfrei Angepassten?"[3]

Bubers Ahnung

Martin Buber und einige weitere zunächst wache Zeitgenossen scheinen bereits vor dem Ersten Weltkrieg die Jahrhundertkatastrophe des massenhaften organisierten Abschlachtens auf dem christlich-abendländischen Kontinent geahnt zu haben. Sie trafen sich in einem unvoreingenommenen, neu zusammen gekommenen Kreis, um über mögliche Maßnahmen gegen den für sie bereits spürbaren Wahnsinn zu sprechen. Dieser ersehnte Dialogprozess hatte jedoch keine Chance mehr, sich wirksam zu entfalten.

Buber schreibt:[4] „Um Ostern 1914 trat, aus geistigen Vertretern einiger europäischer Völker zusammengesetzt, ein Kreis zu einer dreitägigen Beratung zusammen, die als Vorbesprechung gedacht war. Man wollte gemeinsam erwägen, wie etwa der von allen

---

3   Horst Eberhard Richter, *Die Chance des Gewissens*, S. 10f.
4   Aus einem Rundschreiben von Ostern 1914, Martin Buber Werkausgabe Bd. 1, Gütersloh 2001

geahnten Katastrophe vorzubeugen wäre. Ohne dass man irgendwelche Modalitäten der Aussprache vorweg vereinbart hätte, waren alle Voraussetzungen des echten Gesprächs erfüllt. Von der ersten Stunde an herrschte Unmittelbarkeit zwischen allen, von denen manche einander eben erst kennen gelernt hatten, jeder sprach mit einer unerhörten Rückhaltlosigkeit, und offenbar war nicht ein einziger unter den Teilnehmern dem Scheine hörig. Ihrer Absicht nach muss man die Zusammenkunft als eine gescheiterte bezeichnen. ... Die Ironie der Situation wollte es, dass man die endgültige Besprechung auf Mitte August ansetzte, und der Weltgeschichte war es naturgemäß bald gelungen, den Kreis zu sprengen. Dennoch hat in aller Folge gewiss keiner der damals Versammelten bezweifelt, dass er an einem Triumph des Zwischenmenschlichen teilgenommen hatte."

Doch die Wucht der Kriegspropaganda ergriff damals auch die „Elite" der deutschen Feingeister. Selbst Rilke fiel herein auf den kaiserlichen Ruf „Ich kenne keine Parteien mehr – ich kenne nur noch Deutsche". Und Martin Buber war offenbar vom Krieg zunächst ergriffen und schrieb dann doch 1914 vom Krieg als einer „Reinigung des Geistes" und von „leuchtenden Wunden" – was er später gerne unterschlug. Allgemeine Losungen wie die von Kaiser Wilhelm, er kenne keine Parteien mehr, sondern „nur noch Deutsche" sollten gegen die Nationen gewendet werden, um das sozialistische Motto „Proletarier aller Länder vereinigt euch" aushebeln.

Können wir heute verstehen, dass sich Menschen wie Rilke und Buber begeistert über die reinigende Kraft des Krieges äußerten? Und erst 1916, als das grauenhafte Abschlachten nicht mehr zu beschönigen war, auf Distanz zu ihrer eigenen Euphorie gingen?

Aber wähnen wir uns heute nicht so sehr aufgeklärt: Die Medien-Kommentare zur Ukrainekrise haben uns erschreckend deutlich gezeigt, wie schnell eine Stimmung unreflektiert umschwenken kann.

Bohms Defragmentierung

Ein anderer Vater des Dialogs, David Bohm, führte eine der Hauptursachen, die den Menschen an einem unvoreingenommenen Dialog hindern, auf die Fragmentierung im Denken zurück: „Es ist das Denken, dass alles zerteilt und aufspaltet. Jede Teilung, die wir vornehmen, ist das Resultat unserer Denkweise. In Wirklichkeit besteht die ganze Welt aus ineinanderfließenden Übergängen. Aber wir wählen bestimmte Dinge aus und trennen sie von anderen, zunächst aus Bequemlichkeit. Später messen wir dann der erfolgten Unterscheidung große Bedeutung bei. Wir bilden separate Nationen, die gänzlich ein Resultat unseres Denkens sind, ebenso wie die Trennung in verschiedene Religionen ... Die Fragmentierung ist eine der Schwierigkeiten des Denkens, aber die Wurzeln liegen tiefer. Das Denken ist sehr aktiv. Der Denkprozess denkt, dass er gar nichts tut, sondern nur mitteilt wie die Dinge eben sind ... vielleicht wissen wir gar nicht, was es heißt, dem Denken unsere Aufmerksamkeit zuzuwenden. Unsere Kultur ist nicht fähig, uns dabei zu unterstützen, wie auch kaum eine andere Kultur, und dennoch ist es von entscheidender Bedeutung. Vom Denken hängt alles ab – wenn das Denken fehlgeht, werden wir alles falsch machen. Aber wir sind so gewöhnt daran, das Denken als selbstverständlich hinzunehmen, dass wir es überhaupt nicht beachten ... Nicht Ereignisse wie Krieg, Kriminalität, Drogen, wirtschaftliches Chaos oder Umweltverschmutzung, mit denen wir konfrontiert werden, machen die wahre Krise aus, sondern das Denken, was sie verursacht, und zwar unentwegt ..."[5]

---

[5] David Bohm, *Der Dialog*, S. 38f, 70f, 104f

1. Von der Fragmentierung des Denkens zum Potential des Dialogs

Den Blick weiten – das Potential des Dialogs

Haben Sie sich schon einmal in einer Sackgasse befunden, in einer Situation, in der Sie überrascht feststellten, dass sie mit Ihrer alten, langjährig bewährten Strategie nicht mehr weiter kamen? Wo Sie irritiert waren, die Welt nicht mehr verstanden – oder zumindest Ihrem Gegenüber gedanklich gar nicht mehr folgen konnten? Das Gute an solchen verfahrenen Situationen ist: Wenn die alten Konzepte nicht mehr zu dem gewünschten Erfolg führen, können sie uns für Neues öffnen.

Zielorientiert, schnell, auf Gewinnen orientiert – so argumentieren wir in Diskussionen, wenn es eben darum geht, das Gegenüber zu überzeugen oder durch die besseren Argumente vor einem Publikum zu gewinnen, qualifizierter zu erscheinen und durch Wissen zu überzeugen. In einer Situation, in der es aber gar nicht um Gewinnen oder Verlieren geht, sondern in der ein besseres Verstehen des Konfliktes notwendig ist, sind grundlegend andere, dialogische Qualitäten gefragt: Dem Gegenüber zuhören, um ein wirkliches, tieferes Verständnis zu ermöglichen, und auch in mich selbst hineinhorchen, mir über meine eigenen Gefühle, Bedürfnisse und Denkschablonen klar werden. Also meinen Blick zu weiten, anstatt ihn zielorientiert zu verengen. Solch ein Dialog bedeutet auch den Verzicht auf Machtpositionen und basiert auf gleicher Augenhöhe zwischen den Beteiligten.

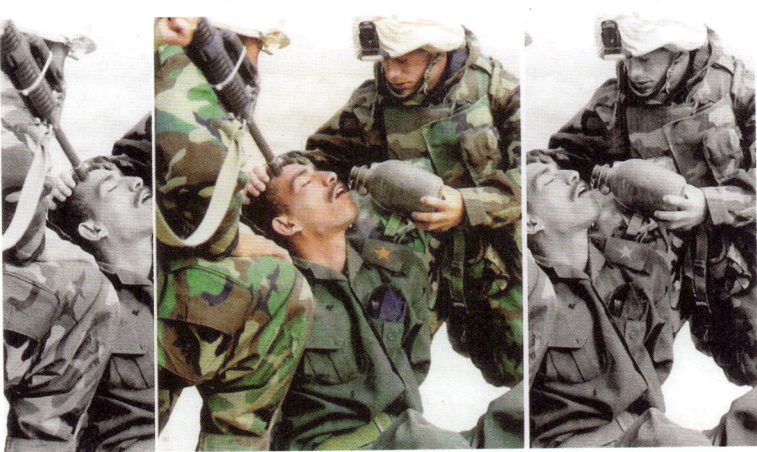

Szene aus dem Irakkrieg – GIs mit einem gefangenen Iraker. Verschiedene Wahrnehmungs- und Interpretationswelten entstehen aus einem Bild, je nach Ausschnitt.

Wie bestimmt unsere Wahrnehmung unsere Welt?

Meine Wahrnehmungs- und Interpretationskonzepte der Welt stelle ich gemeinhin nicht in Frage, solange sie sich bewähren oder solange ich mich mit ihnen wohl fühle. Manchmal führen allerdings auch Änderungen äußerer Umstände oder kritische Lebensereignisse zu Veränderungen meiner Wahrnehmung.

Wann sind Sie das letzte Mal im Wald spazieren gegangen? Haben das Rauschen des Windes in den Bäumen gehört, das Leuchten der Blätter im Sonnenlicht genossen, die Strahlen der Sonne, die zwischen dicken Baumstämmen hervor schien, kurz: den Wald als Wanderer erlebt? Waren Sie auch schon einmal im Wald, um dort Holz für Ihre Heizung zu hacken? Um tote Bäume zu fällen, vom Sturm abgebrochene Stämme zu zersägen, zerborstene Kronen zu zerteilen, sich mit Brennholz zu versorgen?

Wir Autoren leben auf einem landwirtschaftlichen Betrieb, zu dem schon immer einige Hektar Wald gehörten. Durch Änderungen der Besitzverhältnisse in der Nachbarschaft bekamen wir die Gelegenheit, einige an unseren Hof angrenzende Hektar Wald zu erwerben. Zu dieser Zeit waren wir auch auf der Suche nach regenerativen Heizmöglichkeiten. Zu Zeiten des Golfkrieges wollten wir uns weiter vom Öl unabhängig machen – 1980 hatte Johannes das erste Windrad im Landkreis konstruiert, mit dem wir das Wasser für unsere Fußbodenheizung erwärmten – jetzt war eine Holzhackschnitzel-Heizung installiert und alle Wohnungen auf dem Hof wurden mit Holz beheizt.

Schon seit vielen Jahren kannten wir das Waldstück, das wir gekauft hatten, waren dort schon oft spazieren gegangen und hatten dieses Fleckchen Natur genossen. Nun aber gingen wir dort anders vorbei, nicht als Erholung suchende Spaziergänger, sondern wir schauten uns die Bäume daraufhin an, wie sie gewachsen waren, wie und wo sie standen. Würde diese Kiefer die Eiche daneben langfristig zu stark beschatten? Müssten wir nicht die Birke dort fällen, damit die Buche gerade wachsen könnte? Welche würde sich besser entwickeln? Der alten Kiefer war beim letzten Sturm die Krone abgebrochen, sie würde bald absterben, und die tote Eiche trug schon länger kein einziges grünes Blatt mehr – optimal für den Holz-Schnitzler.

1. Von der Fragmentierung des Denkens zum Potential des Dialogs

Nicht der Wald hatte sich also geändert, sondern unser Blick auf ihn, unser „mentales Modell" vom Wald war ein anderes geworden. Normalerweise bemerken wir solche inneren Brillen nicht, mit denen wir die Welt betrachten. Wie wir selbst die Welt ansehen, scheint uns der einzig mögliche Blickwinkel. Andere Perspektiven können aber eine ebensolche Berechtigung haben wie die unsere.

Wir sehen die Dinge nicht, wie sie sind, wir sehen sie, wie wir sind.

Die größte Herausforderung für uns ist die Identifikation mit unserer inneren – unsichtbaren, un-spürbaren – Brille, mit unseren eigenen mentalen Modellen, Urteilen und Bewertungen, die unseren Blick bestimmt, einschränkt und dem Dialog nicht förderlich ist. Je mehr wir erkennen, dass dieser Blick in die Welt uns begrenzt, umso wacher können wir für unser Gegenüber, für andere Bilder der Welt werden.

Wie können wir uns bewusst machen, dass unsere Wahrnehmungsfilter und mentale Modelle überhaupt existieren? Im Dialog haben wir diese Chance. Es geht in Dialogprozessen nicht um die Frage von richtig und falsch, sondern um das Bewusstwerden, das Erkennen und Benennen unterschiedlicher Weltsichten, Perspektiven und Interpretationen, die wir aufgrund unserer Biografien aus ganz verschiedenen Gründen entwickelt haben. Jeweils mit guten Gründen, nachvollziehbar und berechtigt – und so unterschiedlich wie Menschen eben sind.

Glücklicherweise besitzen wir nicht nur die Fähigkeit, die Welt sensorisch, gefühls- und verstandesmäßig zu erfassen, sondern auch die Fähigkeit, uns diese Wahrnehmung bewusst zu machen und sie sogar zu verändern.

Oder: wir können unsere Sicht der Welt und damit die Welt verändern.

Wissen Sie, welche Bilder Sie über ihre Partnerin, Kinder, Nachbarn oder Freunde im Kopf haben? Wir brauchen Bilder immer wieder zur Orientierung, zum Erhalt einer Beziehung, zur Anknüpfung eines Gesprächs. Aber sie stellen sich so spontan ein, dass wir kaum wissen, woher sie kommen, wie sie entstehen und wie sie wirksam sind. Problematisch wird es erst, wenn wir glauben, wir hätten sie gar nicht und wir wären daher völlig unvoreingenommen.

Bilder helfen uns, indem sie die Komplexität dessen, was wir wahrnehmen, reduzieren. So löschen sie wesentliche Eigenschaften aus und machen an anderen das erkennbar, was wir selbst „kennen". Unser innerer „Bildermacher" wird aktiv, wenn er etwas, das wir verdrängt haben, auf andere projizieren kann oder etwas von uns Ungelebtes bei Anderen bewundert und „vergoldet".

Die Bilder werden geprägt von gesellschaftlichen Rollen und Vorstellungen, von Moden, Schurken und Helden, die oftmals von der Medienwelt inszeniert werden. Diese verzerrten Bilder bestimmen zu einem schwer einzuschätzenden Anteil unser Verhalten gegenüber unseren Gesprächspartnern (siehe auch das Gespräch mit Edgar Morin in diesem Band).

Weil diese Bilder nach Bestätigung ihres Vorurteils suchen, tendieren sie dazu, auf die Dauer stabil und resistent gegen neue Erkenntnisse und Erfahrungen zu sein.

Im Dialogprozess haben die Beteiligten die Chance, durch den gegenseitigen Austausch ihre Vorurteile zu revidieren. Allerdings können auch Gruppen kollektiven Vorurteilen unterliegen, die sich sogar im Gruppenprozess verstärken können – umso wichtiger, die eigenen Anteile zu erkennen und eventuell zu revidieren. Und in

Hund:
Sie füttern mich, sie pflegen mich, sie kümmern sich um mich...sie müssen Götter sein

Katze:
Sie füttern mich, sie pflegen mich, sie kümmern sich um mich... ich muss ein Gott sein.

gemeinsamer Reflexion bewusst und wach zu werden für die Entstehung, den Denkweg, der die Bilder geschaffen hat. Die Einschätzung von Gruppenleistungen ist sehr gegensätzlich: „Gemeinsam sind wir klug" oder „gemeinsam sind wir blöd"[6] – beides ist möglich. Es hängt ganz von der Qualität des Gruppenprozesses und der Radikalität der Fragen ab, die wir uns erlauben.

Bilder, die andere von uns haben oder Erwartungen, die an uns gestellt werden, können uns dabei sowohl blockieren als auch ermutigen. Und auch eigene innere Bilder, die wir von uns selbst haben, hinterlassen ihre Spuren. Die lebenslange Kunst der Entwicklung bleibt der Versuch, in Verbindung zu unseren Möglichkeiten, unserem „wahren Selbst" zu treten, zu dem, wie wir gemeint sind, was in unserem „transpersonalen Selbst" (Ferrucci, 1999) als Potenzial aufscheint, wie die Schöpfung, vielleicht wie Gott uns gemeint hat.

Dialog im Alltag beruht auf der Bereitschaft, immer wieder neu hinzuschauen und alte Muster zu hinterfragen. Sie kennen vielleicht das Gefühl, sich in einer Situation fehl am Platze zu fühlen – wenn eine hitzige Diskussion über Politik, Sport oder Arbeit stattfindet. Nicht immer gelingt es dann, sich mit einer dialogischen – interessierten – Haltung einzubringen und die Atmosphäre zu ändern, ohne belehrend zu wirken. Der Grat zum Besserwisser, zur „Besser-Wessi"-Haltung, ist schmal.

„Einen Menschen lieben heißt ihn zu sehen, wie Gott ihn gemeint hat."
Dostojewskij

Vielleicht können Sie aber Anstöße dafür mitnehmen, wie Sie sich bei anderer Gelegenheit einbringen wollen? Oder einfach für sich selbst mehr innere Klarheit gewinnen, wie Sie Gespräche führen wollen und welche Begegnungen Ihnen wichtig sind?

Paradoxien und Fragmentierung des Denkens erkennen

Im Miteinander des Dialog-Prozesses kann ich mir bewusst werden über die Art und Weise, wie ich die Welt wahrnehme, wie ich in der Welt stehe und handle. Ich kann Abstand gewinnen von den Automatismen, mit denen ich auf die Welt reagiere, und erken-

---

6 So der Titel eines Buches von Fritz B. Simon

nen, wie begrenzt der Blickwinkel ist, aus dem ich die Welt sehe – eine Fähigkeit, die auch als „metakognitive Kompetenz" benannt, geschätzt und geübt wird. Die Brille, die ich bereits jahrelang trage, bemerke ich nicht mehr. Die Welt erscheint so selbstverständlich klar, dass sich erst durch das Fehlen der Brille zeigt, dass sie überhaupt da war. Die eigene verinnerlichte „Brille" abzunehmen und gegen eine andere einzutauschen, braucht Phantasie. Und dennoch kann das Bild der Welt nur farbiger werden, wenn unterschiedliche Sichtweisen verschiedene Aspekte ergänzen. Argumentativ in andere Rollen hineinzuschlüpfen erfordert Einfühlungsvermögen. Solche Empathie, solches Mitgefühl für das Gegenüber ist Grundlage für den Versuch, die Welt aus der Perspektive des Anderen zu sehen und auch Gegensätze und Paradoxien als gleichwertig und gleichberechtigt stehenlassen zu können.

Weltbild-Gymnastik

Ein philosophischer Streifzug
Auf die einfache Frage: „*Warum überquerte das Huhn die Straße?*" haben wichtige Repräsentanten der Menschheitsgeschichte unterschiedlichste Antworten gefunden. Ein heiteres Beispiel dafür, wie anders sich derselbe Sachverhalt in den unterschiedlichen individuellen Weltbildern spiegelt. Nachfolgend einige interessante Beispiele:

Aristoteles: Es ist die Natur von Hühnern, Straßen zu überqueren.

Machiavelli: Das Entscheidende ist, dass das Huhn die Straße überquert hat. Wer interessiert sich für den Grund? Die Überquerung der Straße rechtfertigt jegliche möglichen Motive.

Ralph Waldo Emerson: Das Huhn überquerte die Straße nicht ... es transzendierte sie.

Karl Marx: Es war historisch unvermeidlich.

Darwin: Hühner wurden über eine große Zeitspanne von der Natur in der Art ausgewählt, dass sie jetzt genetisch bereit sind, Straßen zu überqueren.

Freud: Die Tatsache, dass Sie sich überhaupt mit der Frage beschäftigen, dass das Huhn die Straße überquerte, offenbart Ihre unterschwellige sexuelle Unsicherheit.

Einstein: Ob das Huhn die Straße überquert hat oder die Straße sich unter dem Huhn bewegte, hängt von Ihrem Referenzrahmen ab.

Bill Gates: Wir haben gerade das neue Huhn Office 2000 herausgebracht, das nicht nur die Straße überqueren, sondern auch Eier legen, wichtige Dokumente verwalten kann und Ihren Kontostand ausgleichen wird.

Ernest Hemingway: Um zu sterben. Im Regen.

Andersen Consulting: Deregulierung auf der Straßenseite des Huhns bedrohte seine dominante Markposition. Das Huhn sah sich signifikanten Herausforderungen gegenüber, die Kompetenzen zu entwickeln, die erforderlich sind, um in den neuen Wettbewerbsmärkten bestehen zu können. In einer partnerschaftlichen Zusammenarbeit mit dem Klienten hat Andersen Consulting dem Huhn geholfen, seine physische Distributionsstrategie und Umsetzungsprozesse zu überdenken. Unter Verwendung des Geflügel-Integrationsmodells (GIM) hat Andersen dem Huhn geholfen, seine Fähigkeiten, Methodologien, Wissen, Kapital und Erfahrung einzusetzen, um die Mitarbeiter, Prozesse und Technologien des Huhns für die Unterstützung seiner Gesamtstrategie innerhalb des Programm-Management-Rahmens auszurichten. Die Besprechungen fanden in einer parkähnlichen Umgebung statt, um eine wirkungsvolle Testatmosphäre zu erhalten. Andersen Consulting hat dem Huhn geholfen, sich zu verändern, um erfolgreicher zu werden.

Captain James T. Kirk: Um dahin zu gehen, wo noch kein Huhn zuvor gewesen ist.

Martin Luther King, Jr. Ich sehe eine Welt, in der alle Hühner frei sein werden Straßen zu überqueren, ohne dass ihre Motive in Frage gestellt werden.

Buddha: Mit dieser Frage verleugnest du deine eigene Hühnernatur.

J.W. Goethe: Es irrt das Huhn, solang es strebt.

Franz Kafka: K. ging über eine schmutzige Straße. Das Huhn, auf dessen Seite er wechselte, sah dies und wich auf die andere Straßenseite aus, wobei es K. einen achtlosen, verschreckten Blick zuwarf.

Dies bewegte K. dazu, erneut die Seite zu wechseln, um das Huhn mit seiner physischen Präsenz zu konfrontieren und ihm wenigstens den Respekt abzuverlangen, nochmals auszuweichen, was dem Huhn aufgrund seiner geringeren Größe zumindest verhältnismäßig mehr Mühe machte.

Alice Schwarzer: Das Huhn flüchtet vor der Diskriminierung des weiblichen Federviehs durch die männlich dominierte Vogelgesellschaft. Obwohl circa 90 Prozent dieser Tiere weiblich sind, beherrschen die Hähne immer noch das gesellschaftliche und politische Leben, und drücken sich immer noch davor, selbst Eier zu legen. Deswegen gilt es auch hier, ein neues Bewusstsein zu schaffen: Das Huhn kehrt dem patriarchalisch-chauvinistischen System in Gestalt des Hahnes den Rücken.

Norbert Blüm: Das Huhn ist sicher!

Ludwig XIV: Das Huhn bin ich!

Martin Luther: Hier geht es und es kann nicht anders.

Gorbatschow: Wenn es nicht geht, kommt es zu spät und wird vom Leben bestraft.

Rainer-Maria Rilke: Huhn, es ist Zeit, der Sommer war sehr groß. Leg' deine Spuren auf die Zebrastreifen und in den Graben, leg die Eier, groß. Befiehl dem Hahn, die Straß' zu queren, Gib ihm den gütlichen Ratschlag, dränge Ihn zur Überquerung hin und schlage ihn, falls er nicht mag. Wer jetzt kein Huhn haut, haut es nimmermehr, wer jetzt ohne Hahn ist, wird es lange bleiben. Wir werden wachen, lesen, lange Briefe schreiben und in den Hühnerställen, hin und her, unruhig wandern, wenn die Hühner treiben.

Obiwan Kenobi: Es hatte eine starke Erschütterung der Macht verspürt.

Verschwörungstheoretiker: Das Huhn war in Wirklichkeit eine von der USA gesteuerte Attrappe, die durch die angesprochene Überquerung von einer geheimen Aktion der Illuminaten ablenken sollte, was ja wohl aufgrund des überdurchschnittlich großen Interesses an dieser Überquerung gelungen sein dürfte.

John Wayne: Ein Huhn muss tun, was ein Huhn tun muss.

Heraklit: Das Huhn hatte die Absicht, überfahren zu werden, in der Hoffnung, durch den Schmerz und die Endgültigkeit des Todes mehr über das Leben eines Huhnes zu erfahren.

Klaus Wowereit: Das Huhn ist von der anderen Seite – und das ist gut so.

Xavier Naidoo: Es sind seine Straßen...

Rudolf Steiner: Das Mysterium der Überquerung stellt sich vor uns hin als das zentrale Huhnheitsereignis und dieses Ereignis führt in jedem Federvieh, ob es nun die Überquerung sieht oder nicht, zu dem, was wir die Durchhuhnung nennen. Und ich möchte vor Sie hinstellen dieses Huhn und dann werden wir gewahr der Tatsache, dass selbst wenn das Huhn die Überquerung der Straße nicht auf sich genommen hätte, es in sich zusammengefallen wäre, denn diesen Huhnkräften konnte nicht standhalten der Huhnkörper.

Laotse: Wer dem Wege folgt in seinen Geschäften, wird eins mit dem Wege.

Sprecher des Vatikan: Ihnen dürfte bekannt sein, dass alle Wege nach Rom führen. Die in verschiedenen Medien kolportierte Äußerung jedoch, dass sich dieses Huhn auf der Flucht vor einem sexuell fehlgeleiteten Priester befand, betrachten wir als grob diffamierend und nicht zutreffend. Uns ist kein Fall bekannt, in dem einem Priester über das seelsorgerisch Übliche hinaus intime Kontakte zu einem Huhn nachgewiesen werden konnten.[7]

---

[7] Mit freundlicher Erlaubnis der Zeitschrift Info3 – Anthroposophie im Dialog, Frankfurt am Main

Schlaf nicht wieder ein!

Die Winde bei Tagesanbruch wollen dir Geheimnisse sagen.
Schlaf nicht wieder ein!

Fordere das, was du wirklich willst.
Schlaf nicht wieder ein!

Menschen gehen hin und her.
Über die Schwelle, an der zwei Welten sich berühren;
Schlaf nicht wieder ein!

Dschalal ad-Din Muhammad Rumi (1207-1273)

(Übersetzungen der Rumigedichte von Helga Pfetsch)

2. Der Dialog – Grundlage demokratischen Denkens

Der mühsame Weg aus der Höhle der Unmündigkeit

Welche Erkenntniswege und historischen Vorbilder haben den Dialog befruchtet, welche Wurzeln hat er in unterschiedlichen Kulturen entwickelt?

Das Höhlengleichnis Platons gehört zu den bekanntesten Gleichnissen der antiken Philosophie. Es stellt einen mehr oder weniger freiwilligen Befreiungsprozess eines Menschen dar, der seine Projektionen, Illusionen und Erkenntnisfesseln, also das, was seine „Wirklichkeit" konstruiert und begrenzt, ablegen möchte. Dieses Gleichnis kann als ein Vorläufer dessen, was wir heute als Konstruktivismus bezeichnen, verstanden werden. Den Aufstieg zur Erkenntnis muss zwar jeder individuell vollziehen, aber es ist gleichzeitig ein kollektives Bemühen in einem dialogischen Prozess.

Platon sieht uns gewissermaßen als Höhlenmenschen. An Körper und Kopf angekettet sitzen wir bewegungsunfähig mit dem Rücken zum Höhleneingang und blicken vor uns auf die Höhlenwand. Draußen vor dem Höhleneingang lodert ein großes Feuer. Zwischen diesem Feuer und dem Rücken der Menschen bewegen sich Personen und Gegenstände hin und her. Da sich die gefesselten Menschen nicht umdrehen können und nichts anderes kennen als diese Projektionsfläche, sind diese sich bewegenden Schatten ihre

ganze Wirklichkeit. Nur diese können sie benennen und diskutieren. Als es aber einem von ihnen gelingt, sich von den Ketten zu lösen, sich umzudrehen und alles das zu erkennen, von dem er bislang nur die Schatten wahrgenommen hat, sieht er plötzlich eine andere Welt. Zunächst aber ist er geblendet von dem ungewöhnlich hellen Licht. Wenn er nun aber halb blind in die dunkle Höhle zurückkehrt, kann er die undeutliche Schattenwelt nicht mehr so genau erkennen. Die übrigen Höhlenbewohner würden annehmen, er habe sich oben die Augen verdorben. Sie würden ihn lächerlich machen und behaupten, es sei gefährlich, die Höhle zu verlassen, da man offenbar verwirrt zurückkäme. Wenn jemand nun als Befreier zu ihnen käme, würden sie diesen, wenn sie könnten, umbringen.

Wem kommt bei dieser Inszenierung nicht der Vergleich mit der heutigen hoch entwickelten medialen Bildschirmwelt in den Sinn, die vielen Menschen realer als die wirkliche Welt erscheint und ihr alltägliches Leben entscheidend prägt?

„Umständliche" Palaver

Bei den Germanen waren Gerichtsverhandlungen üblich, an denen alle freien Männer teilnehmen durften. Die Versammelten bildeten den Umstand (althochdeutsch: unbestand) und waren keine rechtlosen Zuschauer, sondern konnten bei der Urteilsbildung mitwirken, oder ein Urteil anfechten (schelten). Umstände zu machen, hieß damals, ein Verfahren – oder eine Verhandlung – in die Länge zu ziehen, beziehungsweise möglichst viele daran zu beteiligen.

Der Begriff „Umstände" für die alten germanischen Stammesrunden klingt heute in dem negativen Akzent von „umständlich" nach. Dabei hätte er für seine ursprüngliche Intention eine Aufwertung verdient. Denn dass jemand „ohne Umstände" zur Sache kam, hieß ja, er hatte die freien Männer – heute kämen auch Frauen – nicht befragt. Noch für Goethe war es wünschenswert, eine Sache „umständlich", das heißt mit allen wichtigen Bedingungen, erklärt zu bekommen.

Auch „umständliche" Beratungen als Aspekte einer Konsensdemokratie (siehe Stuttgart 21) könnten eine ganz neue Bewertung erleben, wenn wir die Zeit als gut investiert begreifen würden. So wie auch das Palaver als afrikanisches Beratungsritual für die westliche Kultur bisweilen den Beigeschmack von „Zeit vertrödeln" hat oder „ohne Sinn und Zweck miteinander reden", vom Wesen her aber ebenfalls eine Form der dialogischen Begegnung und Gemeinwesenarbeit und Entscheidungsfindung bedeutet.

Agora und Ubuntu

Die Agora war der Platz der öffentlichen Versammlung im alten Griechenland, ein Ort direkter Demokratie und freier Aussprache. Dieser Platz war ein entscheidendes Institut der Meinungsbildung des griechischen Stadtstaates. Erst als bei wachsenden finanziellen Möglichkeiten die Delegation von bezahlten Vertretern oder Anwälten das persönliche Erscheinen auf der Agora nicht mehr voraussetzte, wurde das zuvor verlässliche Aushandeln von Lösungen schwieriger. Nicht mehr die unmittelbar Betroffenen redeten miteinander, sondern von ihnen beauftragte „Delegierte". Diese konnten sich nicht immer sofort und unmittelbar mit dem Auftraggeber rückkoppeln und die Lösungssuche gestaltete sich schwieriger. Es entstand eine zusätzliche Eigendynamik dadurch, dass auch die Delegierten ihre Funktion rechtfertigen mussten.

In Afrika finden sich alte, gemeinwohlbasierte, dialogorientierte Traditionen. Ein Sprichwort in Zulu heißt: „Ich bin, weil wir sind", ein anderes: „Es geschieht durch Andere, dass jemand sich selbst findet." Beide Ansätze bilden interessante Alternativen zum westlichen „Cogito ergo sum" („Ich denke, also bin ich") von Descartes.

*Ich bin,
weil wir sind.
oder:
Ich denke,
also bin ich.*

Ein weiteres afrikanisches Spezifikum verbirgt sich hinter dem Begriff „Ubuntu". Er drückt die Fähigkeit zum Mitgefühl sowie Gerechtigkeit, Gleichberechtigung, Würde, Harmonie und Mitmenschlichkeit aus und steht für die Stärkung und Aufrechterhaltung der Gemeinschaft. „Ubuntu" bedeutet die allseitige Verbundenheit und Verantwortlichkeit jedes Einzelnen für das ganze soziale Feld der Gemeinschaft. Es bedeutet auch, dass ich als Einzelne* so in dieser Gemeinschaft verwurzelt bin, dass die persönliche Identität und das Selbstwertgefühl davon abhängt, wie viel ich für diese Gemeinschaft zu geben bereit bin.

„Ubuntu" ist nicht so einfach durch ein methodisch definiertes Verfahren zu erreichen. Es ist eher ein Konzept, das den gemeinsamen Rahmen eines Lebensstils bezeichnet und welches der Wertschätzung und Pflege der persönlichen Beziehungen in gesellschaftlichen, aber auch in organisatorischen Feldern eine hohe Priorität beimisst. Ein Morgengruß der Shona in Zimbabwe drückt dies so aus: „Mangwani. Marana sei?" – (Guten Morgen, hast du gut geschlafen?) – „Maswera sei, kana mararawo." (Ich habe gut geschlafen, wenn du gut geschlafen hast.)

Mitgefühl ist die entscheidende Qualität von „Ubuntu". Das Wort „ukwenana" drückt das freiwillige Geben aus, ohne irgendetwas als Gegenleistung zu erwarten. Und „ukusira" bedeutet: eine Gabe für eine bedürftige Person, ohne eine Nebenabsicht damit zu verbinden.[8]

„Ubuntu" beeinflusst auch das afrikanische Denken über Verbrechen, Recht und Strafe – und spätestens hier wird die Nähe zum Versöhnungsprozess Südafrikas offenkundig, der den relativ unblutigen Übergang vom rigorosen Apartheidstaat zu demokratischen Wahlen möglich machte.

Die Dialogkultur des Irokesenbundes

So wie die Agora, der Marktplatz der Ideen und der Konsensbildung, für die griechischen Stadtstaaten eine entscheidende Rolle spielte, haben sich in anderen politischen Verbänden staatsloser Gesellschaften konsensdemokratische Verfahren herausgebildet.

Der *Sokratische Dialog* spielt für die Entwicklung der abendländischen Philosophie der Aufklärung eine ähnlich bedeutende Rolle wie Dialogprozesse in Sippen- und Clanstrukturen, beispielsweise im nordamerikanischen Irokesenbund. „The Great Law" der Irokesen hat nicht nur die Väter der US-amerikanischen Verfassung von

---

8   Nach Nussbaum 2003

1776 inspiriert, sondern zum Beispiel auch Gottfried Herder zu seinem Werk „Die große Friedensfrau der Irokesen".

Möglicherweise haben sogar die konsensdemokratischen, dialogorientierten Entscheidungsprozesse das Überleben der Mohawk und anderer „First Nations" ermöglicht. Noch im Zweiten Weltkrieg sahen sich die Irokesen als eigenes Volk, das dem „Dritten Reich" 1944 eine eigene Kriegserklärung übersandte.

Die Mitglieder des Irokesenbundes bewohnten Gebiete der US Bundesstaaten New York und der kanadischen Provinz Quebec und Ontario. Das „Great Law of Peace" (Kainerekowa) wurde nach einer Phase von Blutfehden in einem mühsamen Aushandlungsprozess entwickelt. Dieses Friedensgesetz ist Basis der Entscheidungsverfahren der Irokesenföderation von sechs Stämmen mit insgesamt 15.000 Menschen. Die zeitlose Modernität des irokesischen Politikmodells liegt darin, dass weder Befehlen erlaubt, noch Gehorsam verlangt wird. Entscheidungen werden nur dann als bindend anerkannt, wenn sie vom allgemeinen Konsens in einem komplexen Dialogverfahren getragen werden. Führungspositionen bleiben immer von der Zustimmung der Gefolgschaft abhängig und haben nur repräsentative Sprachrohrfunktion.

Dabei spielen in der matrilinearen Struktur die weiblichen Abstammungsgruppen (Owachira) die entscheidende Rolle. Die Verwaltung von Grund und Boden, sowie die Nahrungsmittelverfügung werden vom Frauenrat organisiert. Nach Beratung in den Owachira Dialogrunden werden die Vertreter des Clans, in erster Linie Männer, aber auch Frauen, für den Stammesrat bestimmt. Die „Häuptlinge" sind aber an Weisungen gebunden. Jederzeit kann der Frauenrat verlangen, einen Versammlungspunkt wieder an die Basis für die Zustimmung aller Mitglieder zurückzugeben. Auch kann jeder Häuptling durch sein Veto eine Entscheidung verhindern. Konflikte werden durch gemeinsame Trauerrituale abgebaut. Bei Meinungsverschiedenheiten ist die argumentativ überlegene Seite zeremoniell verpflichtet, aktiv für die Verstorbenen der Gegenseite einzutreten und damit die Trauernden aufzurichten.

Im Grunde handelt es sich bei diesen Dialogen um einen komplexen Meinungsbildungs-, Aushandlungs- und Entscheidungsprozess. Alle konfliktbehafteten Entscheidungen sollten überdacht und überschlafen werden. Das erinnert an den Grundsatz der alten *preußischen Beschwerdeordnung:* eine formale Beschwerde darf frühestens am Folgetag des Ereignisses eingereicht werden.

Die egalitäre Konsensdemokratie der irokesischen Föderation von sechs Stämmen zeigt die Leistungsfähigkeit von Dialogprozessen in einer komplexen Sozialstruktur. Dabei fällt auch die Betonung des Ausgleichs zwischen den Geschlechtern auf, sowie der hohe Stellenwert der Machtbalance und der Beteiligung aller am Prozess.

Indianerkreis

Dialog und Diskurs in philosophischen Theorien

Der Diskurs nach Habermas

Der Soziologe Jürgen Habermas (geb. 1929) hat in seiner „Theorie des kommunikativen Handelns" den Begriff „Diskurs" in den Mittelpunkt seiner Überlegungen gestellt. Der lateinische Ursprung, discursus („umherlaufen") zeigt, dass es sich um ein bewegtes, bewegendes, oder „hin- und hergehendes Gespräch" handelt.

Die Folgen von Äußerungen waren Forschungsgegenstand für Habermas. Durch den Diskurs, verstanden als argumentativer Dialog, sollte eine Ethik (Diskursethik) entstehen, ein „Schauplatz kommunikativer Rationalität". In diesem Dialog sollte diskursiv die Wahrheit von Behauptungen überprüft und die Legitimität von Normen verhandelt werden. Seine Annahmen oder Hoffnungen bestehen darin, dass sich bei den Teilnehmenden die intersubjektive, von allen anerkannte Wahrheit als vernünftig durchsetzen wird, beziehungsweise die Vernunft selbst sich durchsetzen würde.

Habermas unterscheidet dabei den „Sprechakt", als verständigungsorientierte Äußerung von dem „strategischen Handeln", das sich unmittelbar an den eigenen Interessen des Sprechers orientiert. Ein Sprecher erhebt in seinem kommunikativen Handeln stets allgemeine Geltungsansprüche für die normative Richtigkeit seiner individuellen „Wahrheit" und will damit das Einverständnis seines Gegenüber erreichen. Wird das nicht erreicht, beginnt der Diskurs zwischen den „Aktoren", wie Habermas es formuliert. Dafür hat er „Diskursregeln" aufgestellt, die eine „ideale Sprechsituation" ermöglichen sollen. Idealistisch gesehen, sollen darin nur der „zwanglose Zwang des besseren Arguments" und das Motiv der „kooperativen Wahrheitssuche" gelten.

Wenn der Kommunikationsprozess frei sei von Macht und Hierarchie, würde sich, so die Hoffnung von Habermas, die innewohnende „Rationalität von Sprache" in der Kommunikation durchsetzen. Ein solcher „herrschaftsfreier Diskurs" sei die beste Garantie wahrhaftiger Erkenntnis. Dabei sollten folgende „Diskursnormen" eingehalten werden:
- Prinzipielle Gleichheit aller Teilnehmenden,
- prinzipielle Problematisierbarkeit aller Themen und Meinungen,
- prinzipielle Unausgeschlossenheit des Publikums.
- Zulassen authentischer Gefühle.

Wenn der Geist der kooperativen Wahrheitssuche den Prozess bestimmt, soll diese kommunikative Realität das beste Argument siegen lassen. Habermas will in aufklärerischer Absicht („Rationalität") in öffentlichen „Debatten" intervenieren, um einen „rationalen ungezwungenen Konsens" zu erzielen.

Der Diskurs nach Foucault

Der französische Philosoph Michel Foucault (1926-1984) erweitert in seiner Diskursbestimmung den sprachlichen Aspekt um nichtsprachliche Aspekte wie:
- Welche politische Institution zeitigt welche diskursive Praxis?
- Wie wirkt welche Architektur als Formen- und Machtsprache?
- Wie zeigt sich die körperliche Darstellung (Performativität) im Diskurs?

Diskurs meint bei Foucault einen sprachlich produzierten Sinnzusammenhang. Dieser unterstützt bestimmte Interessen und Machtstrukturen, die ihn erzeugen, aber auch zur Grundlage haben.

Diskurs bedeutet hier also mehr als Diskussion. „Diskurs" hat die Eigenschaft, Realität zu erzeugen. Er *bildet* systematisch die Gegenstände, von denen gesprochen wird. Sprache wird für „mehr als nur zur Bezeichnung der Sachen" verwendet... dieses „mehr muss man ans Licht bringen und beschreiben", so Foucault. Diese Sichtweise geht stärker in die Richtung von David Bohm, der die Erzeugung von Wirklichkeit durch Sprache ebenfalls in den Mittelpunkt stellt.

Beispiele für die praktische Anwendung von Foucaults Sicht: Der Begriff „Lückenschluss" bei der Straßenbauplanung suggeriert die Notwendigkeit, eine Lücke schließen zu müssen!

Oder: Die Bezeichnung „nuklearer Entsorgungspark" vermeidet das belastete Wort „Atom", stellt Ent-sorgung im Sinne von Sorgenfreiheit in den Mittelpunkt, fantasiert eine Erholungslandschaft, einen Park, und vermeidet ebenfalls den Begriff Mülldeponie.

2. Der Dialog – Grundlage demokratischen Denkens

„Philosoph ist jeder, der eine wirkliche Frage stellen kann"

Ein Gespräch mit Hans-Georg Gadamer

Im persönlichen Gespräch mit dem Philosophen Hans-Georg Gadamer wird die Entwicklung einer Lern- und Fragekultur sowie die Notwendigkeit einer dialogischen Haltung aus der sokratischen Tradition angesprochen. Hans-Georg Gadamer gilt als einer der bedeutendsten zeitgenössischen Philosophen. Er hatte die dialogischen Qualitäten im Laufe seines Lebens verinnerlicht, die wir uns erschließen wollen. Studenten berichten davon, dass Prüfungen, die Gadamer abnahm, sich zu intensiven Gesprächen entwickelten.

Am 11. Februar 1900 in Marburg geboren, studierte er in Breslau, Marburg, München und Freiburg unter anderem Philosophie, um bei Paul Natorp in Marburg zu promovieren. Nach der Habilitation bei Martin Heidegger bekam er eine außerordentliche Professur in Marburg. Später wurde er nach Leipzig, Frankfurt und Heidelberg berufen. 1960 erschien sein Hauptwerk „Wahrheit und Methode", das als Standardwerk für die Hermeneutik[9] gilt und ihn schlagartig berühmt machte. Im Dialogverständnis Gadamers kommen mehrere Kompetenzen zum Ausdruck, die wir als „Kern-

---

9 Hermeneutik – von griech. hermeneuein: deuten, interpretieren, Lehre vom Verstehen, Auslegungskunst

fähigkeiten" des Dialogprozesses begreifen, wie zum Beispiel die „lernende Haltung", das „Erkunden" und das „In-der-Schwebe-Halten von Annahmen", die wir weiter unten vorstellen. Gadamer starb am 13. März 2002 im Alter von 102 Jahren.

Herr Gadamer, was bedeutet für Sie der Dialog?
Gadamer: Die lebendige Form der Kommunikation durch die Sprache ist für mich die Grundfrage des Menschlichen. Durch Sprache in sich öffnenden Horizonten zu leben, durch den Verstehensprozess sich die Dinge zu erschließen steht für mich im Mittelpunkt. Dagegen halte ich den konventionellen Sprachunterricht an den Schulen für Unsinn. Es erweitert den Horizont nicht, Menschen in einer toten Form mit Sprachen zu traktieren. Ich habe mit 14 Jahren, also zu Beginn des Ersten Weltkrieges, in Breslau selbst erlebt, welchen Unterschied es macht, zum Beispiel mit einem Franzosen im Unterricht lebendig zu kommunizieren.

Wo genau sehen Sie das Problem?
Gadamer: Es sind für mich Nachwirkungen eines falsch verstandenen humanistischen Sprachunterrichtes. Mindestens ein Viertel des Unterrichts sollte dem Erkenntnis fördernden Dialog dienen, vor allem in den lebenden Sprachen. Die Toten helfen sich selbst. Deshalb bin ich auch ein großer Anhänger des freien Redens ohne Manuskript.

Worum geht es Ihnen beim Verstehensprozess, den Sie das „hermeneutische Problem" genannt haben, im Kern?
Gadamer: Es geht erstens um die Frage: Wie machen wir uns selbst für andere durch Sprache verständlich; und zweitens: Wie gehen wir mit geschriebenen Texten um, damit Missverständnisse, Verdrehungen und Missbräuche vermieden werden?

Die Mathematik wird als exakter Formalismus angesehen, durch den Sachverhalte präzise beschrieben werden. Kann Sprache eine ähnliche Präzision und Genauigkeit erreichen wie Mathematik?
Gadamer: Ich denke nicht. Wenn auch in quantitativen Bereichen

der Naturwissenschaften exakte Resultate möglich sein können, haben wir es beim Menschen in erster Linie mit qualitativen Fragen zu tun. Uns selbst zu verstehen und die Kultur zu entwickeln kann nicht auf positivistische Methoden der Naturwissenschaften reduziert werden. Wir sind Teil einer Geschichte, die niemals abgeschlossen ist. Sie will immer wieder neu entdeckt werden. Deshalb betrachten wir auch die Geschichte und uns selbst immer wieder neu; alle zeitgebundenen Urteile über uns und die Welt erkennen wir immer wieder als vorläufig und nicht selten als Vorurteil.

Der Weg der Erkenntnis, die Methode des Erkennens steht für Sie im Mittelpunkt?
Gadamer: Ja. „Methodos" bedeutet in der Antike stets das Ganze der Beschäftigung mit einem Bereich von Fragen und Problemen. In diesem Sinn ist „die Methode" nicht ein Werkzeug zur Objektivierung und Beherrschung von etwas, sondern ein Anteilnehmen am Umgang mit den Dingen, mit denen wir uns befassen. Diese Bedeutung von „Methode" als Mitgehen setzt voraus, dass wir uns schon mitten im Spiel befinden und keinen neutralen Blickpunkt einnehmen – auch wenn wir uns noch so sehr um Objektivität bemühen und unsere Vorurteile aufs Spiel setzen.

Nun haben Sie ja zu „Wahrheit und Methode" geschrieben. Was haben Wahrheit und Dialog miteinander zu tun? Der Konstruktivismus gipfelt in dem Ausspruch Heinz von Foersters: „Die Wahrheit ist die Erfindung eines Lügners."
Gadamer: Nein (lacht), so weit gehe ich nicht. Aber das bringt mich auf einen Vergleich. Ich habe gestern einen englischen Vortrag eines Kollegen gehört, und solange er im Auditorium doziert hat, habe ich nichts verstanden. Erst im persönlichen Gespräch ist es mir gelungen, sein Anliegen nachzuvollziehen. Der Mathematiker sagt: „Was hilft mir ein richtiger Satz, wenn ich ihn nicht beweisen kann." Das aber ist nicht die Art, wie wir Menschen im Dialog die unbeweisbaren Dinge des Lebens umkreisen.

„Im Dialog die unbeweisbaren Dinge des Lebens umkreisen"

Über die Sprache hinaus scheint auch die Schriftform große Probleme im Verstehensprozess zu bereiten.

Gadamer: Ja, ich gehe sogar so weit, die Schriftlichkeit als eines der größten Probleme für die Erkenntnis zu sehen. Ich denke auch, dass man aus diesem Grund früher beim Schreiben und Lesen laut gesprochen hat. Das war bis zum 12. Jahrhundert die Regel. Letztlich ist alles Verstehen die Anwendung des Verstandenen auf uns selbst.

Sokrates sagte einmal, ein redlicher Mann sollte nicht schreiben.
Gadamer: (Lacht) Vielleicht habe ich auch deshalb bis zum 60. Geburtstag gewartet, bis ich mein erstes Buch veröffentlicht habe.

„Wahrheit und Methode".
Gadamer: Ja. Ich bin gerührt, dass dieses Buch bis heute noch in immer neuen Ausgaben um die Welt geht und eine solche Wirkung hat. Was aber die Stimme in all ihren Variationen leistet, liegt weit über den Möglichkeiten der Schrift.

Neben der Bedeutung der Stimme im Dialog ist die Art des Fragens von zentraler Bedeutung. Im Alltag tun wir oft so, als ob wir etwas fragen wollten, nicht selten äußern wir aber verdeckte Behauptungen. Und diesen Verkürzungen folgen die Interpretationen. Das vermindert die Qualität der Verständigung. Denn jede Suche nach Antwort ist ein subjektiver Weg.

Was ist bei dieser Suche die Aufgabe der Philosophie?
Gadamer: Aus meiner Sicht gibt es immer mehr Fragen, auf die wir keine Antworten finden. Unsere konventionellen Gesprächsformen sind den Problemtiefen nicht mehr gewachsen. Es ist auch ein Aberglaube, dass sie durch den wissenschaftlich-technischen Fortschritt verschwinden würden. Die Informatik von heute macht immer mehr jede wirkliche Urteilsbildung unmöglich. Die Menschen kommen kaum noch zur Besinnung. Ich bin froh, wenn es mir erspart bleibt, lediglich informiert zu sein. Denn das suggeriert ja, ich brauchte nicht mehr zu fragen. Gerade hier beginnt die Aufgabe der Philosophen. Und das ist jeder, der eine wirkliche Frage stellen kann.

2. Der Dialog – Grundlage demokratischen Denkens

Zwingen uns nicht besonders unsere Kinder zu existenziellen Fragen? Vielleicht sogar mehr als die Menschen, die in Seminaren etwas intellektuell wissen wollen? Kindern geht es immer wieder um die Grenzen von Erkenntnis, den Sinn des Lebens.
Gadamer: Gerade solche Fragen meine ich ja. Man sollte beim Fragen nicht nur Informationen bekommen, über die man nicht weiter nachdenken muss. Es geht um die Schaffung eines gemeinsamen Verständnishorizontes, nicht um das Überredenwollen. Wenn man jemanden überzeugen will, nennt man das Rhetorik.

Rhetorik als Redekunst oder Überzeugungsinstrument ist aber keine philosophische Erkenntnismethode.
Gadamer: Da bin ich mir nicht sicher. Nehmen Sie Platon. Allerdings nicht bei Kant. Für mich ist das wirkliche Gespräch eine entscheidende Aufgabe der Philosophie. Es setzt immer voraus, das auch der Andere Recht haben könnte.

Welche Dimension hat der Dialog heute vor dem Hintergrund der Fragen, denen die Weltkultur ausgesetzt ist?
Gadamer: Wir können doch die Augen nicht davor verschließen, dass das friedliche Zusammenleben der Menschen auf diesem Planeten von der Art und Weise abhängt, wie wir miteinander reden. Die atemberaubende Expansion der Weltwirtschaft, die gleichzeitig die menschlichen Fähigkeiten entwickelt, schafft auch völlig neue Arten von Konflikten und Gewaltformen. Es scheint ein „Wille zur Macht" in diesen Konkurrenzstrukturen alles Kommunikative zu durchdringen. Glauben Sie wirklich, dass irgendeine Technik „konkreten Sprechens" in Form linguistischer Präzision die Muttersprache ablöst und diese Konflikte löst? Wir können nur mit unserer Sprache denken – nicht über oder gar gegen sie.

> „Wir können nur mit unserer Sprache denken – nicht über oder gar gegen sie."

Gibt es aus Ihrer Sicht einen praktischen Weg zur interkulturellen Verständigung?
Gadamer: Ich sehe die Menschheit heute weit entfernt von einem Ideal einer Weltkulturgemeinschaft, wo alle ihren gleichberechtigten Platz haben. Das würde eine höhere Form von Moral erfordern, als wir sie heute in der Politik finden. Die Welt der Musik

könnte so etwas wie eine Ahnung von einer Weltkultur vermitteln, die hinter den Differenzen der Sprache liegt. Und wir können uns vielleicht an die unvergleichliche Wirkung erinnern, welche die Muttersprache seit frühester Kindheit hat, welche unreflektierten Einstellungen, Gefühlsmuster in uns verinnerlicht werden, welches Selbstverständnis uns vermittelt wurde. Hermeneutik und Dialog könnten die Zugänge sein, die Aufmerksamkeit für diese Differenziertheit zu schärfen und einen Weg zu ihrer Versöhnung zu finden. Wir müssen unsere begrenzten Sichtweisen austauschen. Wie der Dialog ist die Hermeneutik keine Erfindung eines einzelnen Denkers. Es sind Begriffe für etwas, was wir eigentlich wissen, seit die Menschen begonnen haben, ihre Lebensweisen aufeinander zu beziehen. Nur ist es so schwer zu begreifen, dass heute niemand, kein Einzelner, kein Staat, keine Religion in der Lage ist, letztendlich Ziele zu entwickeln, mit denen alle einverstanden sind. Die Frage nach dem Guten ist – wie Sokrates sagte – nicht zu beantworten. Trotzdem müssen wir die Frage ernst nehmen, denn wir sind für unser Handeln verantwortlich.

Ist nicht auch die Entwicklung einer Fragekultur des Alltags von Bedeutung, die in der Politik unterentwickelt ist?
Gadamer: Ja, wir alle müssen wieder fragen lernen und sehen, dass ein sogenannter Dummkopf ein größerer Philosoph sein kann als mancher, der sich als professioneller Philosoph gibt. Dabei ist es gerade die Aufgabe eines jeden Gebildeten, auf die leisen Stimmen zu hören. Wenn die menschliche Kommunikation eine der größten Kulturleistungen ist, so ist die Auflösung der Regelschablonen des Denkens eine Aufgabe des Dialogs.

Heißt „hören" dann nicht, dass man auf die tiefsten Fragen eigentlich gar keine Antwort erwarten sollte?
Gadamer: Man sollte bei jeder Antwort alle möglichen Variationen mit ins Auge fassen und keine so hohen Erwartungen an die Philosophie haben, auch wenn es um die sogenannten großen Fragen und letzten Dinge geht, wie Tod, Geburt, Theologie, oder darum, was Bewusstsein ist. Die Informationstheorie gibt Ihnen darauf keine Antwort. Aber jeder Mensch ist damit konfrontiert.

„Die Auflösung der Regelschablonen des Denkens ist Aufgabe des Dialogs"

Auch einfache Menschen können in diesem Sinne philosophieren. Aber ich glaube, wir müssen in der Philosophie endlich wieder lernen, wie man einen guten Dialog führt. Es ist für mich immer wieder unfassbar, was es an Differenzen, an Nuancen der Wirklichkeitserfahrung gibt. Das kann man gar nicht theoretisch erfassen oder abhandeln.

Die Sprache kann im Dialog eine mögliche Form sein, um Sichtweisen in der Schwebe zu halten. Die Schriftlichkeit ist von einer kalten Abstraktion. Es ist interessant, dass die Chinesen das so stark empfunden haben, dass sie bei ihren Briefen malen.

Die Schriftzeichen bieten eine große Vielfalt der Interpretationsmöglichkeiten.
Gadamer: Ja, sie setzen die bildenden Kräfte frei. Wenn ich einen chinesischen Brief bekomme, macht das auf mich immer wieder einen großen Eindruck.

Hermeneutik

Im 20. Jahrhundert waren es Edmund Husserl, Martin Heidegger und sein Schüler Hans-Georg Gadamer, die eine Neuorientierung der philosophischen Hermeneutik im Sinn einer eher „offenen" Auslegekunst unternahmen.

Verstehen ist demnach niemals nur durch das konkret-gegenwärtige Verhältnis des Subjekts zu dem Gegenstand seiner Betrachtung bestimmt, sondern Teil eines wirkungsgeschichtlichen Geschehens, das die historisch wandelbaren Gegebenheiten, den jeweiligen Horizont des Erkenntnisaktes, berücksichtigen muss (Horizonttheorie). Der Bedeutungszusammenhang des zu Deutenden ist als vergangene Wirklichkeit dem Rezipienten nie wirklich zugänglich. Der Interpret und das zu Interpretierende stehen vielmehr in einem gegenseitigen Bedingungsgefüge. Heidegger und Gadamer beschreiben dieses Dilemma als einen „hermeneutischen Zirkel": Dabei beziehen sie sich auf die Art und Weise, in der – sowohl im Verständnis als auch in der Interpretation – der Teil und das Ganze kreisförmig aufeinander bezogen sind. Um das Ganze zu verstehen, ist es notwendig, die Teile zu verstehen, und umgekehrt.

Nur unter dieser Bedingung sind menschliche Erfahrung und Forschung überhaupt möglich.

„Ich glaube an die Kraft des Dialogs"

Ein Gespräch mit Edgar Morin

Mit *Verstehen* meinen wir das inhaltliche Begreifen eines Sachverhalts. *Empathie* hingegen meint die Fähigkeit, sich in andere Menschen hineinzuversetzen und mitzufühlen. Im *Verständnis* treffen diese beiden Haltungen zusammen, das heißt, ein menschliches Verständnis benötigt Einfühlungsvermögen in die Situation des Gegenüber, wie Edgar Morin an dem sehr schönen Beispiel des weinenden Kindes erläutert. Verstehen kann ich selten ohne Anstrengung und zugleich muss ich es immer ohne Vorbedingung.

Sowohl das *Lernen* als Haltung wie auch der *Respekt* als radikales Einlassen finden sich als Grundhaltung in den Gedanken Morins. Vielleicht ist uns in seinem Alter auch eine solche Ernte von Weisheit und Weitsichtigkeit möglich?

Professor Edgar Morin, geboren 1921, war Forschungsdirektor am Centre National de la Recherche Scientifique (CNRS), Paris. In seiner Eigenschaft als Präsident der Europäischen Agentur für Kultur der UNESCO hat er sich mit den fundamentalen Zukunftsaufgaben in den Bereichen Erziehung, Wirtschaft, Kommunikation und Kultur auseinandergesetzt.

2. Der Dialog – Grundlage demokratischen Denkens

Herr Morin, Sie gehen davon aus, dass es wesentlich ist, die Fähigkeit des Verstehens zu lehren. Was genau meinen Sie damit?
Morin: Die Situation auf unserer Erde ist paradox. Die Interdependenzen haben sich vervielfacht. Das Bewusstsein, für ihr Leben und ihren Tod gemeinsam verantwortlich zu sein, verbindet Menschen miteinander. Die Kommunikation ist zentrales Element eines Planeten geworden, der von unsichtbaren Netzen, Internetverbindungen, Mobiltelefonen, Modems, Satellitenfunk durchzogen ist. Und dennoch bleibt das gegenseitige Unverständnis ein allgemeines Problem. Zwar gibt es große und vielfältige Fortschritte der Verständigung, aber die Zunahme der Verständnislosigkeit scheint noch größer zu sein.

Sich wirklich zu verstehen scheint entscheidend für das friedliche Überleben der Menschheit geworden zu sein. Muss es nicht Ihr wesentliches kulturelles Ziel sein, daran zu arbeiten?
Morin: Natürlich. Erinnern wir daran, dass keine Kommunikationstechnik, weder Telefon noch Internet, von sich aus Verständnis hervorbringt. Verstehen kann nicht digitalisiert werden. Erziehung, um Mathematik oder ein anderes Fach zu verstehen, ist eine Sache; Erziehen zu menschlichem Verständnis eine andere. Die eigentliche geistige Aufgabe der Bildung ist doch, das Verständnis zwischen Menschen weiterzuentwickeln, als Bedingung und Garant für die intellektuelle und moralische Solidarität der Menschheit.

„Verstehen kann nicht digitalisiert werden"

Welche Ebenen oder Elemente hat das Verständnisproblem?
Morin: Das Verständnisproblem hat zwei Pole: Einen planetarischen Pol: Das heißt, das Verstehen zwischen den Menschen auf der Ebene der zunehmenden Begegnungen und Beziehungen zwischen Personen und Völkern verschiedener Kulturen.

Und einen individuellen Pol: Den der privaten Beziehungen unter Nahestehenden. Diese sind immer mehr durch Unverständnis bedroht. Die These „je näher man sich kennt, so besser versteht man sich" ist nur relativ wahr. Und man kann ihr die umgekehrte These gegenüberstellen „je näher man sich ist, umso weniger versteht man sich". Denn Nähe kann Missverständnisse, Eifersüchteleien, Aggressivitäten gedeihen lassen, auch in scheinbar intellektuell höchst entwickelten Kreisen.

Haben Sie ein Beispiel für Problemlagen im intersubjektiven Verständnis?
Morin: Das menschliche Verständnis übersteigt die Erklärung. Die „Erklärung" reicht höchstens für das intellektuelle oder objektive Verstehen der anonymen oder materiellen Dinge aus. Für das menschliche Verstehen ist sie unzureichend. Hier geht es um Einsicht und Begegnung.

Das menschliche Verständnis beinhaltet ein Erkennen von Subjekt zu Subjekt. So werde ich ein Kind, wenn ich es weinen sehe, nicht verstehen, indem ich den Salzgehalt seiner Tränen messe, sondern wenn ich in mir meine kindlichen Ängste wiederfinde, ich es mit mir identifiziere und mich mit ihm. Der andere wird dann nicht nur objektiv wahrgenommen, sondern als ein anderes Subjekt, mit dem man sich identifizieren kann und dass man mit sich identifiziert. Dieses Verstehen schließt notwendig einen Prozess der Empathie, der Identifikation und der Projektion ein. Es ist immer intersubjektiv und erfordert menschliches Verständnis, Offenheit, Sympathie, Großzügigkeit.

Den Salzgehalt der Tränen messen?

Ist das nicht eine große Herausforderung?
Morin: Die Idee des Verstehens ist eine Lebenskunst, die zuerst von uns verlangt, auf uneigennützige Art und Weise zu verstehen. Sie bedeutet eine gewisse Anstrengung, denn sie kann keinerlei Gegenseitigkeit erwarten: Derjenige, der beispielsweise durch einen Fanatiker mit dem Tod bedroht wird, kann vielleicht verstehen, warum der Fanatiker ihn töten will, wissend, dass dieser ihn nie verstehen wird. Den Fanatiker zu verstehen, der unfähig ist, uns zu verstehen, bedeutet die Wurzeln, die Formen und Manifestationen des menschlichen Fanatismus zu verstehen. Das heißt zu verstehen, warum und wie man selbst hasst und verachtet. Die Ethik des Verstehens verlangt von uns, die Verständnislosigkeit zu verstehen.

Nun kommen wir zu einem bedeutenden Punkt und zu einem Missverständnis, mit dem immer wieder Politik gemacht wird. Wir finden gegenüber dem so genannten Terrorismus immer wieder das Problem, dass die öffentliche Wahrnehmung „Verstehen" und „Verständnis" gleichgesetzt, möglicherweise sogar eine

heimliche Sympathie unterstellt. Das Verstehen-wollen des Terrorismus hat nach meiner Meinung überhaupt nichts mit Verständnis zu tun.
Morin: Natürlich nicht. Im Gegenteil: die Ethik des Verstehens verlangt zu argumentieren, zu widerlegen; das ist schwieriger als zu exkommunizieren und zu verdammen. Auf den Begriff Verbrechen zu reduzieren, was umfassender begriffen werden muss, hindert daran, auch den Irrtum, die Verwirrung, das Abgleiten, die Ideologie im Verhalten eines Menschen zu erkennen. Wenn wir verstehen wollen, bevor wir verdammen, werden wir auf dem Weg zur Humanisierung der menschlichen Beziehungen ein Stück weiter gekommen sein.

Das erfordert doch auch die Beobachtung des Beobachtens?
Morin: Die mentale Praxis der permanenten Selbstprüfung ist notwendig, denn das Verstehen unserer eigenen Schwächen oder Mängel ist der Weg, um Andere zu verstehen. Wenn wir entdecken, dass wir alle fehlbare, zerbrechliche, unzulängliche, mangelhafte Wesen sind, können wir sehen, dass wir alle ein gegenseitiges Bedürfnis nach Verständnis haben. Die kritische Selbstprüfung hilft uns, uns relativ zu uns selbst zu setzen, also unseren eigenen Egozentrismus zu erkennen und zu beurteilen. Sie ermöglicht es uns, uns nicht als Richter aller Dinge aufzuspielen.

Steht nicht schon in der Bibel: Du siehst den Splitter im Auge deines Bruders – den Balken in deinem Auge aber siehst du nicht?
Morin: Ja, das Verstehen Anderer bedarf des Bewusstseins um die menschliche Komplexität. Wir können aus der Romanliteratur und aus Filmen lernen, dass man ein Wesen weder auf den geringsten Teil seiner selbst, noch auf das schlechteste Fragment seiner Vergangenheit reduzieren darf. Im realen Leben stigmatisieren wir sehr schnell denjenigen, der ein Verbrechen begangen hat, als Kriminellen. Während wir alle anderen Aspekte seines Lebens und seiner Person auf dieses eine Merkmal reduzieren, begeistern wir uns für die vielfältigen Dimensionen der Gangster-Könige Shakespeares und der königlichen Gangster der Kriminalfilme. Dabei sehen wir, wie ein literarischer Verbrecher – zum

Beispiel Jean Valjean oder Raskolnikov – sich auch ändern und sühnen kann.

Macht unser Egozentrismus uns nicht unbarmherzig gegenüber Fehlern und Schwächen anderer?
Morin: Ja, er ist eine Form von Selbstverdummung. Der Egozentrismus enthält die self-deception, die Täuschung gegenüber sich selbst, erzeugt durch die Selbstrechtfertigung, Selbstverherrlichung und die Neigung auf Andere, ob fremd oder nicht, die Ursachen allen Übels abzuwälzen. Die Selbsttäuschung ist ein komplexes rotierendes Spiel aus Lüge, Unaufrichtigkeit, Überzeugung, Doppelzüngigkeit, die uns dazu führt, die Worte oder Taten anderer abwertend wahrzunehmen, zu selektieren und hervorzuheben, was für sie unvorteilhaft ist.

David Bohm sprach von der Gefahr der Fragmentierung im herrschenden Denken und von der Notwendigkeit des Dialogs.
Morin: Ja, die in Parzellen zerlegte, in Fächer geteilte, mechanistische, reduktionistische Intelligenz zerbricht die Welt in zusammenhanglose Fragmente, splittert die Probleme auf, trennt das, was verbunden ist, macht das Multidimensionale eindimensional. Es ist eine kurzsichtige Intelligenz, die häufig in Blindheit endet. Sie zerstört im Keim die Möglichkeiten des Verstehens und der Reflexion, vermindert die Chancen eines korrekten Urteils oder einer langfristigen Sicht. Je multidimensionaler die Probleme werden, desto größer wird die Unfähigkeit, ihre Multidimensionalität zu denken; je planetarischer die Probleme werden, desto ungedachter werden sie. Unfähig den Kontext und den planetarischen Komplex zu sehen, macht die blinde Intelligenz unwissend und letztlich unverantwortlich.

Bräuchten wir zur Lösung dieser Problemlagen nicht eine umfassende Dialogkultur?
Morin: Ja, eine Dialogkultur, die eine neue Lernkultur begründet. Die Kulturen müssen voneinander lernen, und die stolze abendländische Kultur, die sich als belehrende versteht, müsste sich als lernende definieren. Verstehen heißt auch, ohne Unterlass lernen

und wieder lernen. Man muss mit Paradoxien umgehen können und die Qualität gegensätzlicher Aspekte ertragen und anerkennen können. Das Spezifische der Demokratie ist, sich aus unterschiedlichen und gegensätzlichen Meinungen zu speisen; das demokratische Prinzip, Vorstellungen, die im Gegensatz zu den eigenen stehen, zu respektieren. Für Niels Bohr war das Gegenteil einer tiefen Wahrheit eine andere tiefe Wahrheit, anders gesagt, es gibt eine Wahrheit in jeder Idee, die unserer entgegengesetzt ist, und diese Wahrheit muss man respektieren. Die Toleranz gilt natürlich nur für Ideen, nicht für Beleidigungen, Aggressionen, mörderische Taten.

Und ich glaube an die Kraft des Dialogs, der diese Elemente miteinander verbindet. Wir sind keine logischen Wesen und trotzdem auf den Logos angewiesen. Denn wir alle sind infantile, neurotische, wahnsinnige Wesen und gleichzeitig sind wir auch rational. All das bildet den spezifischen menschlichen Stoff.

Verstehen ist nicht Verständnis

Eine falsch verstandene, abstrakte „political correctness" kann in der Sprache als Produzent bürokratischer Monster von Pharisäern und Schriftgelehrten zu einer tabuisierten Form von Sinnlosigkeit führen oder als politischer Kampfbegriff gegen den radikal erkundenden Dialog eingesetzt werden.

Beliebt ist die Verwechslung der Begriffe „Verstehen" und „Verständnis". Wenn die sprachliche Eskalation der politischen Diskussion erst weit genug gediehen ist, kann das „verstehen wollen" des politischen Gegners schon ein äußerst verdächtiger Akt sein. Es unterstellt aus der Sicht des Verblendeten, schon „Verständnis" für die Taten und Ziele des sogenannten Gegners zu haben. Die Bezeichnung XY-Versteher ist als Signalvokabel der Selbstverblendung beliebt. Der Begriff „Putinversteher" wurde während der Ukraine-Krise zum Favoriten einer eskalationsfreudigen Journalistik. Dabei ist es für einen klugen Krieger von zentraler Bedeutung, für einen erfolgreichen Kampf die Motivationen und Strategien des

> „Die Darstellung der Welt, wie die Welt selbst, ist ein Werk der Menschen, sie beschreiben sie aus ihrem Blickwinkel, den sie mit der absoluten Wahrheit verwechseln."
>
> Simone de Beauvoir, Das andere Geschlecht

Gegners bis ins Letzte zu verstehen. Das wusste bereits der alte chinesische Taktiker *Sun Tsu* vor 2500 Jahren mit seiner berühmten Schrift „Vom Kriege".

Für einen wirklichen Dialog sind der Wille und die Bereitschaft zum Verstehenwollen zentral. Insbesondere in brisanten Situationen, wie etwa bei einem Dialog im Gefängnis mit Schwerverbrechern.[10] Verstehenwollen im Dialog ist eine gemeinsam zu entwickelnde Grundlage für Selbsterkenntnisprozesse. Selbstverständlich hat diese Fähigkeit überhaupt nichts mit Verständnis oder gar heimlichem Einverständnis zu tun! Perspektivwechsel und Einfühlungsvermögen gehören zu den effektivsten und wirkungsvollsten Methoden und Fähigkeiten der Denk-Gymnastik in der Ideenkultur unseres Jahrhunderts. Dadurch werden Denkprozesse ausgelöst, welche die eingefahrenen Muster verlassen.

Die Sozialwissenschaftlerin und Philosophin Hannah Arendt musste in ihrer eigenen wissenschaftlichen Erkenntnislaufbahn feststellen, wie schwierig es ist, ein Mensch zu sein, der wirklich verstehen will. Hatte ihr 1951 erschienenes Buch „Ursprünge und Elemente totalitärer Herrschaft" noch eine Analyse geliefert, die viele Totalitarismusforscher begeistert aufgriffen, wurde sie später von den gleichen Kreisen angefeindet. Denn sie glaubte erkannt zu haben, dass eine falsch verstandene Aufklärung sich ihren eigenen Grundlagen und Ansprüchen entfremden kann und damit in der Gefahr steht, in ihr Gegenteil umzuschlagen. Als klarsichtige und emphatische Beobachterin des Eichmann-Prozesses in Jerusalem wurde ihr deutlich, dass der angeklagte Massenmörder nicht als ein Menschen verachtender Massenmörder zu verstehen sei, eher aber als gut funktionierender banaler Apparatschik einer mörderischen Bürokratie. Auf die Anfeindungen dieser Sichtweise antwortete sie: „Es ist in der Tat meine Meinung, dass das Böse (…) nur extrem ist und dass es weder Tiefe noch irgendwelche dämonische Dimension besitzt. Es kann die ganze Welt überwuchern und verwüsten, eben weil es sich wie ein Pilz auf der Oberfläche ausbreitet." Welch weise Voraussicht, wenn wir heute die erschütternden Ergebnisse des sogenannten weltweiten „Kampfes gegen den Terrorismus" sehen.

---

10 Siehe hierzu auch Peter Garret in unserem Buch *Die Kunst des Dialogs*

3. Licht im Schatten der Erkenntnis

*„Woran glaubst du?
Daran: dass die Gewichte aller Dinge neu bestimmt werden müssen.
Einer hat immer Unrecht: aber mit zweien beginnt die Wahrheit."*

Friedrich Nietzsche

David Bohm und Martin Buber

Das Leben nach Mustern aus der Vergangenheit, das Abrufen von abgespeichertem Wissen, nennt der angloamerikanische Quantenphysiker David Bohm (1917–1992) Leben aus bereits „Gedachtem". Bohm unterscheidet zwischen Gesprächen, in denen lediglich Gedachtes ausgetauscht wird – was in Diskussionen ja meist der Fall ist – und Dialogen, in denen tatsächlich neues Denken entstehen kann („Thought" und „Thinking"). Dialog kann ein solcher Weg sein, um von Gedachtem zu kreativem Denken zu kommen. David Bohm lädt dazu ein, im Dialog Prozesse und Strukturen, die unseren Gedanken und Handlungen zugrunde liegen, immer wieder neu zu hinterfragen.

David Bohm wurde 1917 geboren und wuchs als Sohn eines Holzhändlers im jüdischen Viertel der Minenstadt Wilkes-Barre in Pennsylvania auf. Als einer der letzten Schüler von Robert Oppenheimer erhielt er 1943 den Doktorgrad (Ph. D.) in Physik an der Uni-

> versity of California in Berkely. Bohm und Einstein diskutierten die Probleme der grundsätzlich von der Fachwelt akzeptierten Quantenmechanik, die von ihren theoretischen Grundlagen nicht mit der Relativitätstheorie übereinstimmte. Vor allem Bohm war nicht bereit, sich mit den sich aus der Quantentheorie ergebenden unerklärlichen Paradoxien abzufinden. Dies führte bei ihm zu der Idee, dass die Welt auf atomarer Ebene ein untrennbares Netz oder eine Welt miteinander verwobener Zusammenhänge sei. Bohm wurde also gerade durch seine Arbeit in der modernen Physik zur Weiterentwicklung des Dialogs angeregt. Es stellte sich ihm die Frage, inwiefern von der Untersuchung subatomarer Vorgänge neue Ideen und Lösungsvorschläge für unsere heutigen gesellschaftlichen Fragen abgeleitet werden können. Er verstarb im November 1992.

Der Dialogbegriff hat – wie wir angedeutet haben – viele ideengeschichtliche Wurzeln und Bezüge, die von der Philosophie und Psychologie bis hin zur Quantenphysik reichen. Bohms Dialogverständnis wurde entscheidend von dem indischen Weisheitslehrer Krishnamurti (1895–1986) beeinflusst. Auch die Erkenntnisse der Großgruppentheorie von Foulkes und Patrick de Maré, bei dem Bohm eigene Therapieerfahrungen machte, spielt für seine Entwicklung des Großgruppendialogs eine wesentliche Rolle.

Zunächst noch einige Gedanken zu Bohms Dialogbild: David Bohm, der zum Entwickler der modernen Dialogtheorie für Gruppen wurde, verwendet den Begriff Dialog im ursprünglichen Wortsinn: „Dia-log" bedeutet demnach das „Fließen von Sinn", das Suchen und Entwickeln neuer, zuvor nicht bekannter Bedeutungen in einer Gruppe um und durch die Menschen (dia: [hin-] durch, logos: Wort, Sinn, Bedeutung). Der Dialog soll ermöglichen, den Voraussetzungen, Ideen, Annahmen, Überzeugungen und Gefühlen von Menschen auf den Grund zu gehen, die unterschwellig die Interaktionen in der Gruppe beherrschen.

Dia-logos = Fließen von Sinn

David Bohm beschreibt in seinem Buch „Der Dialog"[11] den Dialog als „ein beständiges Hinterfragen von Prozessen, Sicherheiten und Strukturen, die menschlichen Gedanken und Handlungen zugrunde liegen."[12] Eine faszinierende Hoffnung: sich durch das Erkennen und Bewusstmachen von Strukturen und festgefahrenen Handlungsmustern neue Handlungsmöglichkeiten zu erschließen, mehr Freiheit zur Gestaltung von Kommunikationsprozessen zu erwerben und durch größere Bewusstheit der eigenen, stets subjektiven Wahrnehmung weniger in Bewertungs-Automatismen gefangen zu bleiben.

Bohm war von der Vorstellung fasziniert, dass Menschen im Dialog lernen könnten, gemeinsam auf kohärente Weise zu denken, während sich die Gedanken in den meisten üblichen Gesprächen fragmentiert, sprunghaft und gegensätzlich entwickeln würden. Inkohärenz ist für Bohm „als würde man eine Uhr nehmen und sie mit einem Hammer zertrümmern, anstatt sie auseinanderzunehmen und die Teile zu sortieren. Die Teile sind Teil eines Ganzen, aber die Fragmente wurden willkürlich auseinandergebrochen."[13]

Kohärenz kann im dialogischen Gespräch, vergleichbar mit dem gebündelten Licht im Laserstrahl, ein großes Potential an Kreativität freisetzen und neue Gedanken hervorbringen, kann vom Gedachten zum Denken führen. Das allerdings gelingt nur in einem angstfreien Raum, für dessen Entwicklung jede Gruppe Zeit braucht. Erst im Erleben kann die Qualität eines Dialogprozesses von anderen Kommunikationsformen wie der Diskussion oder der Debatte unterschieden werden. In einem solchen Vertrauensraum können generative und thematische Dialoge geführt und reflektiert werden. (In generativen Dialogen entsteht das Thema im Verlauf des Prozesses – es wird „generiert", in thematischen Dialogen geht es um die dialogische Vertiefung eines zu Beginn gesetzten Themas.)

---

11 Originaltitel *On dialogue*, herausgegeben von Lee Nichol, Routledge, London und New York 1996
12 Bohm, David, Donald Factor & Peter Garett: *Dialogue – A Proposal*, 1991 (dt.: Helga Pfetsch)
13 A.a.O. S. 102

Das Wort „Diskussion" (darin steckt das lateinische „dis" – zwischen, auseinander) dagegen hat die gleiche Wurzel wie englisch „percussion" oder gar „concussion" (Gehirnerschütterung). Diskussion hat eine enge sprachliche Verwandtschaft mit Debatte (lateinisch „debat(t)uere", englisch „to beat down"), was so viel bedeutet wie „niederschlagen". Das einer Diskussion zugrundeliegende Motiv ist in der Regel auch nicht, voneinander zu lernen, sondern den eigenen Standpunkt durchzusetzen, zu gewinnen.

Unterschiede zwischen Debatte/Diskussion und Dialog

	Debatte/Diskussion	Dialog
Haltung	Wissen	Herausfinden
Ziel	Eine Position verteidigen	Neue Möglichkeiten erkunden
Geste	Antworten – Beweise suchen	Fragen – Zuhören
Sozialer Modus	Gewinnen oder verlieren	Miteinander teilen
Hierarchie	Ungleich	Gleich
Status	Macht	Respekt
Motiv	Eigeninteresse	Gemeinwohl
Erkenntnisfeld	Verengung – Zielorientierung	Erweiterung – Prozessorientierung

3. Licht im Schatten der Erkenntnis

David Bohms Sinnsuche

Nach Bohm geht es im Dialog nicht darum sich durchzusetzen, „Punkte zu machen", rhetorisch zu brillieren und mit der eigenen Meinung zu gewinnen, sondern um einen Gewinn für alle Beteiligten durch neue Einsichten und Erkenntnisse in einem gemeinsam gestalteten, kreativen Feld. Erstrebt wird also eine klassische win-win-Situation, die grundsätzlich nicht mit einem „Konsens" gleichzusetzen ist, wie er etwa als Ergebnis von Debatten angestrebt (aber selten erreicht) wird.

Der Dialog ist nach Bohm keineswegs eine harmonisierende, schöngeistige Konversationsübung. Vielmehr soll er die Fragmentierung der Wirklichkeit durch das abendländische, rational-analytische Denken aufheben, um hinter die Oberfläche der Erscheinungen zu schauen und die zugrunde liegenden Zusammenhänge von Problemstellungen besser erkennen zu können. Im Dialog kann die Kohärenz der „impliziten Ordnung" aufscheinen und kann unser Denkprozess „defragmentiert" werden. Bohm hielt die verändernde Kraft des Dialogs für so weitgehend, dass sie zur Entstehung einer neuen Sicht der Welt führen könne.

Der Prozess des Dialogführens ist für Bohm ein Mittel, um deutlich zu machen, wie unser Denken abläuft. Denken umfasst nach Bohm nicht nur die rationale Ebene, welche die Realität nach historisch geformten Paradigmen interpretiert, zergliedert und in Regeln fasst, sondern auch das Feld der Emotionen, Gefühle, Wünsche, Absichten, Unterstellungen und Ängste. Das Einüben von Präsenz, von Gegenwärtigsein, ist für ihn ein Weg, um vom Gedachten, dem Vermächtnis des Gestern, zum Heute, zu neuem Denken zu kommen.

Vom Gedachten zu neuem Denken kommen

Sie haben sicher auch schon einmal die Erfahrung gemacht, wie Ihnen blitzartig neue Gedanken „durch den Kopf schießen", wenn Sie selbstvergessen in ein Gespräch eintauchen. Oder wie sich eine Situation völlig neu darstellt und Ihnen die „Schuppen von den Augen" fallen. Im Gegensatz dazu – wie unglaublich langweilig sind manche öffentlichen Debatten, wenn man schon vorher weiß, wie die jeweilgen Positionsvertreter argumentieren werden und wie dies auch noch in einer gestanzten Gemeinplatzsprache vorgetragen wird.

Dialogische Intelligenz

Für David Bohm liegt die Ursache der Fragmentierung in unserer Art des Denkens. Sie bildet aus unserer Sicht gewissermaßen die Gitterstäbe für den Käfig des Gedachten:

„Eine der auftretenden Schwierigkeiten ist die Fragmentierung, die ihren Ursprung im Denken hat – es ist das Denken, das alles zerteilt und aufspaltet. Jede Teilung, die wir vornehmen, ist das Resultat unserer Denkweise. In Wirklichkeit besteht die ganze Welt aus ineinanderfließenden Übergängen. Aber wir wählen bestimmte Dinge aus und trennen sie von anderen, zunächst aus Bequemlichkeit. Später messen wir dann der erfolgten Unterscheidung große Bedeutung bei. Wir bilden separate Nationen, die gänzlich ein Resultat unseres Denkens sind, ebenso wie die Trennung in verschiedene Religionen und die Abgrenzungen innerhalb der Familie. Die Struktur der Familie in unserer Gesellschaft ist auf unsere Denkweise zurückzuführen. Die Fragmentierung ist eine der Schwierigkeiten des Denkens, aber die Wurzeln liegen tiefer. Das Denken ist sehr aktiv, aber der Denkprozess denkt, dass er gar nichts tut, sondern einem nur mitteilt, wie die Dinge eben sind. Fast alles um uns herum entspringt im Grunde dem Denken – Häuser, Fabriken, Bauernhöfe, Straßen, Schulen, Nationen, Wissenschaft, Technologie, Religion. Sie können anführen, was immer Sie wollen. Unser Denken ist Ursache aller ökologischen Probleme, denn wir haben gedacht, die Welt sei da, damit wir sie ausbeuten können, und sie sei unbegrenzt, so dass wir unbedenklich Luft, Wasser und Erde verschmutzen können, ohne dass es etwas ausmacht. Wenn wir irgendwo ein ‚Problem' sehen, ob nun Umweltverschmutzung, Kohlenmonoxid oder was auch immer, sagen wir uns: ‚Wir müssen dieses Problem lösen.' Aber durch die Natur unseres Denkens produzieren wir fortwährend diese Art Problem: nicht nur ein bestimmtes sondern diese Art Problem. Wenn wir weiterhin denken, dass die Welt ausschließlich zu unserer Bequemlichkeit da sei, werden wir sie weiterhin ausbeuten und irgendwo ein anderes Problem schaffen, sobald eins gelöst ist. Wenn wir beispielsweise die Umweltverschmutzung in den Griff bekommen sollten, werden wir dadurch irgendein anderes Problem hervorrufen, vielleicht wirtschaftliches Chaos. Wir können die Gentechnik einsetzen, aber wenn schon die ganz normale Technik solche gewaltige Probleme verursachen kann: malen Sie sich einmal aus, in welchen Schlamassel wir erst durch die Gentechnik geraten könnten – sofern wir unsere Denkweise beibehalten. Die Gentechnik wird je nach Lust und Laune der Verantwortlichen und ihrer Denkweise entsprechend eingesetzt werden. Der entscheidende Punkt ist: Das Denken bewirkt etwas, sagt aber, ich war's nicht."[14]

„Das Denken bewirkt etwas, sagt aber, ich war's nicht."

Die Identifikation mit dem unsichtbaren Käfig des Gedachtem erkennt Bohm als eine der Ursachen, die immer wieder zu Auseinandersetzungen und Konflikten führen:

„Es steckt eine Menge Gewalttätigkeit in den Meinungen, die wir verteidigen. Sie sind nicht lediglich Meinungen, nicht lediglich Annahmen; sie sind Annahmen, mit denen wir uns identifizieren und die wir daher verteidigen, weil es ist, als würden wir uns selbst verteidigen. Der natürliche Selbstverteidigungstrieb, den wir im Dschungel erworben haben ist von den Dschungeltieren auf diese Meinungen übertragen worden. Mit anderen Worten, wir sagen, dass es dort draußen einige gefährliche Meinungen gibt – genau wie es gefährliche Tiger geben könnte. Und in uns stecken ungeheuer kostbare Tiere, die verteidigt werden müssen. Also ist ein Trieb, der physisch im Dschungel sinnvoll war, in unserem modernen Leben auf unsere Meinungen übertragen worden. Und in einem Dialog werden wir uns dessen auf kollektive Weise bewusst.

Sofern wir diese defensive Haltung beibehalten – abblocken, an Annahmen festhalten und erklären: ‚Ich muss Recht haben' –, ist unsere Intelligenz sehr eingeschränkt, denn die Intelligenz erfordert, dass man eine Meinung nicht verteidigt. Es gibt keinerlei Grund, an einer Annahme festzuhalten, wenn es Hinweise darauf gibt, dass sie falsch sein könnte. Eine korrekt strukturierte Annahme oder Meinung ist offen für Hinweise, dass sie nicht richtig sein könnte."[15]

---

14 Bohm 2002, S. 38f.
15 David Bohm, *Vom Dialog*, S. 79, in: *Der Dialog. Das offene Gespräch am Ende der Diskussionen.* Hg. Von Lee Nichol. Aus dem Englischen von Anke Grube, Stuttgart, Klett-Cotta 1998

Martin Bubers Hoffnung auf Begegnung statt Vergegnung

Martin Buber, der jüdische Religionsphilosoph und „Vater" des Dialogs (1878–1965) befasste sich in seiner Arbeit intensiv mit zwischenmenschlichen Beziehungen, den Möglichkeiten des Gesprächs, der Begegnung zwischen „Ich und Du", wie sein wichtigster Buchtitel lautet. Er stellt den Ver-gegnungen oberflächlicher Unterhaltungen die Be-gegnungen eines echten Dialogs gegenüber, in dem sich Menschen vom „Scheinenwollen" frei machen. Eine Herausforderung – vielleicht sogar ein Paradox in einer Welt, in der Werbemillionen für „Outfit" und „Er-scheinung" ausgegeben werden? Martin Buber jedenfalls plädiert radikal für wirkliche Qualität in Begegnungen. In der Textsammlung „Das dialogische Prinzip" heißt es:

„Wo aber das Gespräch sich in seinem Wesen erfüllt zwischen Partnern, die sich einander in Wahrheit zugewandt haben, sich rückhaltlos äußern und vom Scheinenwollen frei sind, vollzieht sich eine denkwürdige, gemeinschaftliche Fruchtbarkeit. Das Wort ersteht mal um mal substantiell zwischen den Menschen, die von der Dynamik eines elementaren Mitsammenseins in ihrer Tiefe ergriffen und erschlossen werden. Das Zwischenmenschliche erschließt das sonst Unerschlossene."

Buber unterscheidet mit durchaus ironischem Unterton dreierlei Formen des Dialogs:
Den *technischen Dialog*, „der lediglich von der Notdurft der sachlichen Verständigung eingegeben ist".
Den *dialogisch verkleideten Monolog*, „in dem zwei oder mehrere im Raum zusammenkommende Menschen auf wunderlich verschlungenen Umwegen jeder mit sich selber reden und sich doch der Pein des Aufsichangewiesenseins entrückt dünken."

Den *echten Dialog*, „gleichviel, geredeten oder geschwiegenen – wo jeder der Teilnehmer den oder die anderen in ihrem Dasein und Sosein wirklich meint und sich ihnen in der Intention zuwendet ... lebendige Gegenseitigkeit" zu schaffen.

Dieser echte Dialog benötigt den Verzicht auf Machtspiele und verlangt gleiche Augenhöhe zwischen den Beteiligten.

Martin Buber: Das echte Gespräch

Es gilt nun noch, die Merkmale des echten Gesprächs klärend zusammenzufassen.

Im echten Gespräch geschieht die Hinwendung zum Partner in aller Wahrheit, als Hinwendung des Wesens also. Jeder Sprecher meint hier den Partner, an den, oder die Partner, an die er sich wendet, als diese personenhafte Existenz. Jemanden meinen heißt in diesem Zusammenhang zugleich das dem Sprecher in diesem Augenblick mögliche Maß der Vergegenwärtigung üben... Die erfahrenden Sinne und die Realphantasie, die das von ihnen Befundene ergänzt, wirken zusammen, um den andern als ganze und einzige, als eben diese Person gegenwärtig zu machen. Der Sprecher nimmt aber den ihm so Gegenwärtigen nicht bloß wahr, er nimmt ihn zu seinem Partner an, und das heißt: er bestätigt, soweit Bestätigen an ihm ist, dieses andere Sein. Die wahrhaftige Hinwendung seines Wesens zum andern schließt diese Bestätigung, diese Akzeptation ein. Selbstverständlich bedeutet solch eine Bestätigung keineswegs schon eine Billigung; aber worin immer ich wider den andern bin, ich habe damit, dass ich ihn als Partner echten Gesprächs annehme, zu ihm als Person Ja gesagt.

Des weiteren muss, wenn ein echtes Gespräch entstehen soll, jeder, der daran teilnimmt, sich selber einbringen. Und das bedeutet, dass er willens sein muss, jeweils zu sagen, was er zu dem besprochenen Gegenstand im Sinn hat. Und das wieder bedeutet, dass er jeweils den Beitrag seines Geistes ohne Verkürzung und Verschiebung hergebe. Auch sehr redliche Menschen wähnen, im Gespräch durchaus nicht gehalten zu sein, alles zu sagen „was sie zu sagen haben". Aber in der großen Treue, welche der Atemraum des echten Gesprächs ist, hat das, was ich jeweils zu sagen habe, schon in mir den Charakter des Gesprochenwerdenwollens, und ich darf es nicht davon ab-, darf es nicht in mir zurückhalten. Es trägt ja, mir unverkennbar, das Zeichen, das die Zugehörigkeit zum gemeinschaftlichen Leben des Wortes anzeigt. Wo das dialogische Wort echtbürtig besteht, muss ihm sein Recht durch Rückhaltlosigkeit werden. Rückhaltlosigkeit aber ist das genaue Gegenteil des Drauflosredens. Alles kommt auf die Legitimität des »Was ich zu sagen habe« an. Und freilich muss ich auch darauf bedacht sein, das, was ich eben jetzt zu sagen habe, aber noch nicht sprachlich besitze, ins innere Wort und sodann ins lautliche zu heben. Sagen ist Natur und Werk, Gespross und Gebild zugleich, und es hat, wo es dialogisch, im Atemraum der großen Treue erscheint, die Einheit beider stets neu zu vollenden.

Dazu gesellt sich jene Überwindung des Scheins, auf die ich hingewiesen habe. In wem auch noch in der Atmosphäre des echten Gesprächs der Gedanke an die eigene Wirkung als Sprecher des von ihm zu Sprechenden waltet, der wirkt als Zerstörer. Wenn ich statt des zu Sagenden mich anschicke, ein zur Geltung kommendes Ich vernehmen zu lassen, habe ich unwiederbringlich verfehlt, was ich zu sagen gehabt hätte, fehlbehaftet tritt es ins Gespräch, und das Gespräch wird fehlbehaftet. Weil das echte Gespräch eine ontologische Sphäre ist, die sich durch die Authentizität des Seins konstituiert, kann jeder Einbruch des Scheins es versehren.

Wo aber das Gespräch sich in seinem Wesen erfüllt, zwischen Partnern, die sich einander in Wahrheit zugewandt haben, sich rückhaltlos äußern und vom Scheinenwollen frei sind, vollzieht sich eine denkwürdige, nirgendwo sonst sich einstellende gemeinschaftliche Fruchtbarkeit. Das Wort ersteht Mal um Mal substantiell zwischen den Menschen, die von der Dynamik eines elementaren Mitsammenseins in ihrer Tiefe ergriffen und erschlossen werden. Das Zwischenmenschliche erschließt das sonst Unerschlossene.

Aus der Zwiesprache ist dieses Phänomen ja vielfach bekannt; aber auch im mehrstimmigen Dialog habe ich es zuweilen erfahren.

Ein Hinweis ist noch vonnöten. Selbstverständlich brauchen nicht alle zu einem echten Gespräch Vereinten selber zu sprechen; schweigsam Bleibende können mitunter besonders wichtig werden. Jeder aber muss entschlossen sein, sich nicht zu entziehen, wenn es etwa dem Gang des Gesprächs nach an ihm sein wird zu sagen, was eben er zu sagen hat. Wobei natürlich keiner von vornherein wissen kann, was das etwa sein wird: ein echtes Gespräch kann man nicht vordisponieren. Es hat zwar seine Grundordnung von Anbeginn in sich, aber nichts kann angeordnet werden, der Gang ist des Geistes, und mancher entdeckt, was er zu sagen hatte, nicht eher, als da er den Ruf des Geistes vernimmt.

Auch dies jedoch ist selbstverständlich, dass alle Teilnehmer, ohne Ausnahme, so beschaffen sein müssen, dass sie den Voraussetzungen des echten Gesprächs zu genügen fähig und bereit sind. Die Echtheit ist schon in Frage gestellt, wenn ein noch so geringer Teil der Anwesenden von sich und von den andern als solche empfunden werden, denen keine aktive Beteiligung zugedacht ist. Ein Zustand dieser Art kann sich zu einer schweren Problematik steigern.

Ich hatte einen Freund, den ich zu den beträchtlichsten Männern des Zeitalters zähle. Er war ein Meister des Gesprächs, und er liebte es; seine Echtheit als Sprecher war evident. Aber einmal ereignete es sich, dass er mit zwei Freunden und den Frauen der drei beisammen saß und ein Gespräch aufstieg, an dem die Frauen seinem Wesen nach offenkundigerweise nicht teilnahmen, wiewohl freilich ihre Gegenwart höchst bestimmend war. Das Gespräch zwischen den Männern entwickelte sich bald zu einem Gefecht zwischen zweien (ich war der dritte). Auch der andere, mir ebenfalls befreundet, war von edler Art, ein Mann des Wortes auch er, aber mehr der sachlichen Gerechtigkeit als den Ansprüchen des Geistes ergeben und aller Eristik urfremd. Der Freund, den ich einen Meister des Gesprächs genannt habe, sprach nicht gelassen-gewichtig wie sonst, sondern „glänzend", fechterisch, siegerisch. Das Gespräch verdarb.

In unserer Zeit, in der das Verständnis für das Wesen des echten Gesprächs selten geworden ist, werden seine Voraussetzungen von dem falschen Öffentlichkeitssinn so gründlich misskannt, dass man vermeint, ein solches Gespräch vor einem Publikum interessierter Zuhörer mit gebührender publizistischer Assistenz veranstalten zu können. Aber eine öffentliche Debatte von noch so hohem „Niveau" kann weder spontan noch unmittelbar noch rückhaltlos sein; eine als Hörstück vorgeführte Unterredung ist von dem echten Gespräch brückenlos geschieden.

Martin Buber

Martin Buber, *Elemente des Zwischenmenschlichen*, S. 293-297; in: *Das dialogische Prinzip*, Gütersloher Verlagshaus, 13. Auflage 2014,, S. 293-297. Mit freundlicher Genehmigung des Gütersloher Verlagshauses.

Buber gilt – neben den griechischen Klassikern Sokrates und Plato – als einer der „Väter" der Dialogidee. Buber betrachtet den Dialog als Zwiegespräch, als echtes Zusammentreffen von Menschen, „die sich einander in Wahrheit zugewandt haben, sich rückhaltlos äußern und vom Scheinenwollen frei sind". Buber betont, dass sich im Dialog „eine denkwürdige, nirgendwo sonst sich einstellende gemeinschaftliche Fruchtbarkeit" entwickeln kann und so „das Zwischenmenschliche", „das sonst Unerschlossene" zu erschließen vermag. Seine Anforderungen an einen gelingenden Dialog gehen dabei weit: Im echten Gespräch darf der Sprechende sein Gegenüber nicht bloß wahrnehmen, sondern muss ihn als seinen Partner annehmen, also: das andere Sein bestätigen, ohne es billigen zu müssen. Das bedeutet, zu ihm als Person „Ja" zu sagen. Jeder sollte nach der Überwindung des Scheins trachten: „In wem auch noch in der Atmosphäre des echten Gesprächs der Gedanke an die eigene Wirkung als Sprecher des von ihm zu Sprechenden waltet, der wirkt als Zerstörer." [16]

Eine Frage der inneren Haltung

Für Buber ist ebenfalls die einem Gespräch zugrunde liegende Haltung, die Intention, die Zuwendung in der jeweiligen Situation maßgebend: Ein echter Dialog ist für ihn ein Gespräch, in dem „jeder der Teilnehmer den oder die anderen in ihrem Dasein und Sosein wirklich meint und sich ihnen in der Intention zuwendet, dass lebendige Gegenseitigkeit sich zwischen ihm und ihnen stifte".[17]

Während Bohms Hoffnung vor allem darin liegt, die Kraft der Gruppe zu nutzen, um neuen Sinn miteinander zu schaffen, Sicherheiten zu hinterfragen und Interpretationsmuster zu überprüfen, liegt Bubers Augenmerk besonders auf der zwischenmenschlichen Begegnung, dem Ich-Du im Dialog. Wenn diese beiden Perspektiven sich treffen – menschliche Begegnung und Infragestellen des Bekannten – können sich sowohl dem Individuum als auch der Gruppe ganz neue Erfahrungs- und Gedankenwelten eröffnen.

16 A.a.O. S. 294
17 A.a.O. S. 166

Martin Buber wurde 1878 in Wien geboren und starb 1965 in Jerusalem. Er lehrte an der Universität Frankfurt jüdische Religionswissenschaft und jüdische Ethik und hatte ab 1930 eine Honorarprofessur für Religionswissenschaft inne. Mit dem Machtantritt der Nazis 1933 legte er seine Professur nieder; im Oktober desselben Jahres wurde ihm offiziell die Lehrerlaubnis entzogen. Als Leiter der „Mittelstelle für jüdische Erwachsenenbildung" sorgte er für die Neueröffnung des Freien Jüdischen Lehrhauses, erhielt aber kurz darauf Redeverbot. Im März 1938 (acht Monate vor der Pogromnacht) ging er mit seiner Frau nach Palästina – ein Schritt, den er später bewusst als Einwanderung bezeichnete.

Von 1938 bis 1951 war Buber Professor für Sozialphilosophie an der Hebräischen Universität in Jerusalem. 1953 nahm er den Friedenspreis des deutschen Buchhandels in der Frankfurter Paulskirche entgegen.

1957 fand im Rahmen einer USA-Reise ein öffentliches Gespräch zwischen Carl Rogers (1902-1987), der sich später intensiv mit dem Dialog in Großgruppen befasste, und Buber über Fragen der Psychotherapie statt.

Bubers Werk umfasst unter anderem auch eine neue Übersetzung der Bibel mit Franz Rosenzweig. Im Mittelpunkt seiner Arbeit steht die Frage des Zwischenmenschlichen – der Dialog.

Ruth Cohns Lebenslerndialog

Wenn Buber und Bohm so etwas wie „Väter" des Dialog sind, stehen ihnen Ruth Cohn und Verena Kast als zwei „Mütter" zur Seite, die unser Dialogverständnis geprägt haben und deren Arbeit uns ebenso inspiriert hat, wie uns die persönlichen Begegnungen mit ihnen bereichert haben.

Ruth Cohn, Begründerin der Themenzentrierten Interaktion (TZI), ergänzte mit ihrer Arbeit die verstandesorientierte Maxime Kants „Habe Mut, dich deines Verstandes zu bedienen", indem sie ihm die Gefühle zur Seite stellte: „Habe auch den Mut, dich deiner Gefühle zu bedienen." Gleichwohl fehlt dieser Mut bis heute häufig genug. Nach ihrer Emigration in die USA entwickelte sie mit der TZI ein Verfahren für „lebendiges Lernen", das thematisches Lernen und Persönlichkeitsentwicklung miteinander verbindet und wurde zu einer der bedeutendsten Vertreterinnen der Humanistischen Psychologie und Pädagogik.

Ihre klare Aufforderung „Sprich als ich, nicht per man" ist heute Basis jeder pädagogischen Ausbildung. Ruth Cohns Menschenbild basiert auf dem Wunsch, das zu geben und zu empfangen, was du selbst geben und empfangen möchtest.

Sie erzählt davon, dass ihr in einem Traum deutlich wurde, wie sie die Grundlage ihrer Arbeit darstellen könnte. Sie sah im Traum eine gleichseitige Pyramide vor sich. Die Gleichseitigkeit interpretierte sie so, dass alle Punkte gleich wichtig sind:
- das ICH, also die handelnde, den anderen zugewandte Person;
- das WIR, die Gruppe, deren Mitglieder sich einem Thema widmen;
- ES, das Thema, das die Gruppe behandelt,
- den GLOBE als das Umfeld, das auf die Gruppe wirkt und das wiederum von ihr beeinflusst wird.

Für Ruth Cohn gibt es keine Gruppe, die sich nicht durch diese vier Punkte definiert. „Wichtig aber war mir vor allem die im Traum sichtbare Gleichseitigkeit der Pyramide". Und mit dieser Gleichgewichtigkeit von Ich-Wir-Es und Globe war TZI definiert: eine dynamische Balance zwischen dem Einzelnen, der Gruppe und der Sache sowie der Beachtung des Umfeldes, der Eingebundenheit des Menschen in seine Umwelt. Sie fügt hinzu, dass sie das Symbol der Pyramide in ein Dreieck innerhalb einer Kugel verändert habe, „weil diese Figur deutlicher ist."

Die wichtigsten Postulate der TZI – „Sei dein eigener Chairman", im Sinne von „Übernimm Verantwortung für dich", und „Störungen haben Vorrang", was sowohl auf die Beachtung von Gefühlen beim Einzelnen als auch auf die Bedeutung von Nebengesprächen in der Gruppe hinweist – haben heute Eingang in den allgemeinen Sprachgebrauch gefunden. Kulturell vernachlässigte Körper- und Gefühlswahrnehmungen bewusst einzubeziehen war zu der Zeit, als Ruth Cohn diesen Ansatz entwickelte, noch weniger üblich als heute.

Die von ihr entwickelten Kommunikationshilfen sind in der Erwachsenenbildung und Teamarbeit mittlerweile Allgemeingut.

Regeln der Themenzentrierten Interaktion (TZI)

- „Sprich als ,Ich' und nicht als ,Wir' oder als ,Man'."
- „Wenn du eine Frage stellst, sage, warum du fragst."
- „Halte dich mit Interpretationen von anderen zurück."
- „Sei zurückhaltend mit Verallgemeinerungen."
- „Nur einer spricht zur gleichen Zeit."
- „Beachte Körpersignale"
- „Sei authentisch und selektiv in deinen Kommunikationen. Mach dir bewusst, was du denkst und fühlst, und wähle, was du sagst und tust."

Nur echte Fragen, hinter denen ein Informationsbedarf steht, führen für Ruth Cohn zum Dialog. Dagegen entsteht aus „unechten" Fragen, denen kein wirkliches Verlangen nach Information zugrunde liegt, eher ein Interview, sie können unter Umständen das Gegenüber beschämen oder ausweichende Antworten und Gegenfragen provozieren.

Ruth Charlotte Cohn (geb. Hirschfeld) wird am 27. August 1912 in Berlin in einer deutsch-jüdischen Familie geboren.[18] Ihr Studium beginnt sie in Heidelberg und Berlin, flieht aber bereits 1933 nach Zürich und immatrikuliert sich an der Universität Zürich für Psychologie. Sie heiratet dort den Medizinstudenten Hans Helmut Cohn. 1940 wird die gemeinsame Tochter geboren, nach der Emigration in die USA und dem Abschluss als Diplom-Psychologin in New York folgt 1944 die Geburt ihres Sohnes.
1946 trennt sie sich von Hans Cohn, eröffnet eine Praxis in New York und baut die NPAP (National Psychological Association for Psychoanalysis) mit auf. Einige Jahre später (1974) kehrt sie nach Europa, in die Schweiz, zurück, und veröffentlicht 1975 das Buch „Von der Psychoanalyse zur Themenzentrierten Interaktion" bei Klett-Cotta. Weitere Bücher folgen. Ruth C. Cohn starb mit 97 Jahren am 30. Januar 2010 in Düsseldorf.

Ruth C. Cohn lebte viele Jahre abwechselnd in der Schweiz und in Düsseldorf, wo wir mit ihr über die Bedeutung von Lebendigkeit, ihr Menschenbild und ihre Hoffnungen sprachen. Ruth Cohns herzliche, offene Art wurde in ihrer Angewohnheit spürbar, ihre Gesprächspartner mit einem freundlichen „du" zu begrüßen – ganz gleich ob Kinder oder Professorinnen; und von beiden – Kindern und Prominenz – ließ sie selbst sich genauso duzen.

---

18 Nach Löhmer, Cornelia, Standhardt, Rüdiger, *„Report Psychologie"*, Deutscher Psychologen Verlag GmbH, Berlin 1992

Befreiung aus Denk-Gefängnissen

Ein Gespräch mit Ruth Cohn

Ruth, was heißt für dich Lernen?
Cohn: Für mich heißt lebendiges Lernen, dass ich mich selbst ernst nehme, dass ich die anderen ernst nehme und dass ich die Sache ernst nehme. Daraus ist dann das Dreieck der Themenzentrierten Interaktion entstanden. Das wird häufig verkürzt als „Ich, Wir und das Thema" gesehen. Aber wir befinden uns ja in einer konkreten Welt, einer konkreten Zeit, mit konkreten Beziehungen und konkreten Aufgaben, dem, was wir „Globe" nennen. Wenn ich mich wirklich darauf einlasse, dann heißt für mich lebendiges Lernen, zu leben, während ich lerne.

Wenn Menschen miteinander eine Sache, ein Thema lebhaft und mit innerer Anteilnahme besprechen, befinden sie sich in einem Zustand lebendigen Lernens. Eine aufgezwungene Lernsituation ist totes Lernen, zum Beispiel wenn ein Lehrender versucht, seinen „Stoff" oder seine Meinung auf seine Art einzuflößen, und erwartet, dass seine Schüler die Welt so sehen wie er. Das Einimpfen entfremdeter Motivation oder rivalisierender Methoden nach dem Prinzip ‚Wer ist besser/schlechter' zerstört echte Lebenswerte.

> „Was ich sage, soll echt sein, aber nicht alles, was echt ist, soll gesagt werden."

Was ist für dich deine wichtigste Regel?
Cohn: Was ich sage, soll echt sein, aber nicht alles, was echt ist, soll gesagt werden.

Daraus ergibt sich auch: Sprich für dich selbst, vertritt dich selbst in deinen Aussagen. Das heißt, sprich per „Ich". Durch diese Regel wird verhindert, seine eigene Meinung hinter der anderer Leute zu verstecken. Denn das, was ich fühle, ist mein Gefühl und nicht deines. Und es bedeutet, Verantwortung für mich zu übernehmen und mich zu engagieren, statt mich hinter einem „Wir" oder einer anonymen Masse zu verstecken. Denn so ein „Wir" birgt die Gefahr, dass andere ihr eigenes Urteil aufgeben und gewissenlos mitschwimmen.

Die „Ich"-Form der Verantwortung fördert die Autonomie des Einzelnen und hilft, Massensuggestion zu vermeiden. Niemand kann den Kern meiner eigenen Existenz ersetzen.

Inwieweit ist dein Menschenbild von deiner Erfahrung mit dem nationalsozialistischen Deutschland geprägt?
Cohn: Ich wurde 1912 geboren und bin 1932, als ich in Berlin Psychologie studierte, aus Deutschland weg. Zuerst ging ich in die Schweiz und danach 1941 mit einem der letzten Schiffe in die USA. Natürlich war das schwierig und gefährlich. Aber ich habe irgendwie einen Sinn für das mitbekommen, was in der Luft lag. Heute beunruhigt mich, dass viele Menschen nicht spüren, welche Probleme sich zusammenbrauen. Das ist für mich wie 1932, 33, 34, viele verhalten sich wie Mitläufer, bis es zu spät ist. Daher arbeite ich auch an der Übernahme der Ich-Verantwortung.

Was ist es genau, das dich beunruhigt?
Cohn: Es ist das goldene Kalb des Konsumismus, das unsere Erde frisst. Wir verarbeiten die Regenwälder zu Luxusmöbeln. Wir verwüsten durch chemiegetriebene Monokulturen den Boden. Wir produzieren Autos ohne Rücksicht auf das Klima. Wir rotten bedenkenlos einmalige Arten aus. Wir verprassen die Zukunft unserer Kinder. Oder es kommt dazu, dass wir uns durch kriegerische Eskalation von primitivem Freund-Feind-Denken mit Massenvernichtungsmitteln vorher schon selber ausrotten.

Aber es gibt mittlerweile die Meinung, man sollte auch militärisch unser westliches Denken durchsetzen.
Cohn: Mein Motto ist: lieber einen Millimeter in die richtige Richtung als drei Meter in die falsche. Feindbilder sind immer ein Bumerang. Sie wirken auf uns zurück. Es ist ein uraltes Spiel, sich selbst als gut anzusehen und alles „Böse" auf die anderen, die „Feinde" zu projizieren. Es ist leichter, die Feind-„Seligkeit" auszuleben, als sich mit den eigenen Defiziten, den Schattenseiten, den unangenehmen „inneren Feinden" auseinanderzusetzen.

Erwartest du nicht ein zu radikales Engagement von anderen Menschen?
Cohn: Was mich betrübt, ist die mangelnde politische Weitsicht. Weil ich es nicht ertrage, dass die Menschen aus Kurzsichtigkeit diesen Planeten zerstören. Andererseits ist es auch ein Problem, wenn Menschen an gar nichts anderes denken können, als sich für Frieden und Ökologie einzusetzen. Denn in einseitigen Menschen stirbt schnell die Ausstrahlung ab, die etwas bewirkt.

Aber wie können wir deiner Ansicht nach verändernd wirken?
Cohn: Ich glaube kaum, dass sich andere Menschen überreden lassen. Wir können Situationen herstellen, wo sich Meinungen offen begegnen können. Wichtig ist, authentisch zu sein und den eigenen Werten entsprechend zu leben. Was ein anderer mit meiner Meinung macht, habe ich nicht in der Hand. Wenn ich auch einen anderen nicht überzeugen kann, so kann ich doch so echt sein, dass vielleicht in meinem Gesprächspartner etwas zum Nachdenken angeregt wird. Es ist paradox, aber wenn ich aus dem Gefühl, andere überzeugen zu müssen, spreche, dann rede ich nach dem Siegerprinzip. Aber wir sollten nicht vergessen, dass auch der andere ein konkreter Mensch ist. Ich habe selbst immer wieder erlebt, dass Menschen, wenn sie wüssten, wie sie konkret aus ihren Ängsten und Denkgefängnissen herauskommen können, es sofort tun würden.

Die Themenzentrierte Interaktion soll aus diesen Kommunikationsgefängnissen herausführen?

Cohn: Ich möchte schon Einfluss nehmen auf die Erziehung von Kindern und das Lernen von Erwachsenen. Ob TZI ein guter Name ist für das, was ich meine, weiß ich nicht. Auch die Psychoanalyse müsste eigentlich Psychosynthese heißen. Es gibt kein gültiges Rezeptbuch für Techniken. Der Geist, aus dem etwas geschieht, ist entscheidend. Der Dialog ist wichtig. Denn wenn ich monologisiere, fallen mir immer nur die gleichen Sachen ein. Ich glaube, TZI und Dialog als Methode des Gruppendialogs sind eine wundervolle Ergänzung.

Verena Kasts Schattentransformation

„Was siehst du aber den Splitter in deines Bruders Auge, und wirst nicht gewahr des Balkens in deinem Auge?"
Matthäus 7,3; Lukas 6.41,42

Eine weitere wichtige Facette trägt die Schweizer Psychologin Verena Kast bei, emeritierte Psychologieprofessorin der Universität Zürich sowie Dozentin und Lehranalytikerin am C. G. Jung-Institut in Zürich. Sie hat die Arbeit mit den eigenen Schatten, den verdrängten Lebenspotenzialen, einem breiten Publikum vertraut gemacht. Sie ermutigt dazu, eigene ungeliebte Anteile zu erkennen und anzuschauen, anstatt sie zu verdrängen und zu projizieren. „If you spot it, you got it" – frei übersetzt: wenn dich etwas an anderen stört, kennst du es selbst – diese Haltung lädt ein, für eigene Reaktionen und Gefühle interessiert und lernbereit zu bleiben.

Das Ziel des Dialogprozesses ist es, den Untergründen unseres Denkprozesses auf die Spur zu kommen. Warum denken wir gerade jetzt dies oder das? Welche Emotionen werden wie, wann, warum freigesetzt?

Um diese Reaktivität genauer untersuchen zu können, ist es sinnvoll, sich mit den sogenannten Schattenphänomenen auseinanderzusetzen. Verena Kast, unsere Gesprächspartnerin, arbeitet in der Tradition von C. G. Jung.

Schattenarbeit – sich selbst im Anderen verstehen

Die Quelle des Nichtverstehens von anderen liegt in der Leugnung, dem Nicht-Wahrhaben-Wollen eigener Charakterzüge. Ich gestehe mir meine Fehler und Schwächen nicht ein, möchte sie nicht wahrhaben und werde unbarmherzig gegenüber den Fehlern und Schwächen meines Gegenübers. Wenn ich mir meiner inneren Komplexität, der Komplexität jeder menschlichen Persönlichkeit bewusst bin, erkenne ich mich im Anderen leichter wieder. Und es fällt leichter, Verständnis in der Begegnung mit anderen zu entwickeln, wenn ich den ungeliebten Schatten in mir kenne, ihn bereits angeschaut habe, anstatt ihn auf den Anderen zu projizieren.

Im Gespräch mit Verena Kast geht es um die Frage, wie die „inneren Schatten" – also verleugnete, nicht erwünschte Aspekte unserer eigenen Persönlichkeit – erkundet werden können. Konstruktive Arbeit mit dem inneren Schatten ist auch eine wesentliche Fähigkeit bei der Begleitung einer Gruppe. Denn nicht selten gibt es Teilnehmende, auf die ich stark reagiere, die mir unsympathisch erscheinen oder die ich mit ihren ausufernden Beiträgen, mit ihrem ständigen Aufmerksamkeitsheischen als provozierend empfinde. Oft kenne ich solche Verhaltensweisen auch bei mir, lasse aber nicht zu, sie auszuleben. Wenn ich mich mit diesen eigenen Anteilen auseinander gesetzt habe, weiß ich zumindest, was sich hinter ihnen versteckt, wie ich ihnen begegnen, wie ich sie integrieren kann.

Verena Kast wurde 1943 in der Schweiz geboren und arbeitete zunächst als Lehrerin, bevor sie als Psychologin eine Professur an der Uni Zürich annahm. Sie war langjährige Vorsitzende der Internationalen Gesellschaft für Tiefenpsychologie sowie Präsidentin der Internationalen Gesellschaft für Analytische Psychologie. Ihre Vortragstätigkeit führte sie durch Europa, die USA, Japan und China. Seit 2014 ist sie Präsidentin des C.G. Jung-Instituts, Zürich. Zahlreiche Publikationen zum Thema Emotionen, Beziehung, Symbolik und Trauer machten sie einem breiten Publikum vertraut.

Den inneren Schatten entdecken

Ein Gespräch mit Verena Kast

Frau Kast, was ist eigentlich an unseren Schattenseiten so interessant?
Verena Kast: Es ist uns allen geläufig, dass wir für die Schattenseiten anderer Menschen großes Interesse zeigen, die eigenen dagegen in der Regel nicht wahrhaben wollen. Das ist ein Zeichen für uns, denn darin liegen ungelebte Lebenspotenziale. Und je mehr wir uns anderen gegenüber ins gute Licht rücken, desto mehr unserer Seiten unterdrücken wir.

Wie entdecke ich meinen inneren Schatten?
Verena Kast: Jeder von uns weiß, was er hasst. Das Hassenswerte verweist uns auf unseren Schatten, etwas, das wir nicht annehmen können. Auch für sehr friedliebende Menschen kann sich etwas Unfriedliches im Schatten befinden. Das wird deutlich, wenn sie uns auf aggressive Weise beibringen wollen, dass wir friedlich sein sollen. Die Regenbogenpresse zeigt uns ja lustvoll die Persona, die Maske und die Schatten der Schönen, Reichen und Berühmten. Spannend wird es auch, bei Moralträgern, Bischöfen, Priestern und Nonnen, Affären zu finden. Ja, je mehr ein Mensch unter einem gesellschaftlichen Druck steht, eine perfekte Perso-

na zu zeigen, desto interessanter ist es, seinen Schatten zu entdecken. Vor allem bei Menschen in Machtpositionen. Es gibt aber auch Menschen, die so konventionell sind, dass sie wenig gesellschaftlich Inakzeptables zu leben wagen. Und sie genießen dann diese Seiten heimlich an anderen Menschen, um sie anschließend zu verurteilen. „Diese königliche Familie, es ist ja zum …" Über ihre Phantasie kommen sie in den Genuss von Schatten, ohne die Konsequenzen tragen zu müssen, und haben überdies noch das Gefühl moralischer Überlegenheit. Man kann so herrlich folgenlos empört sein.

Welche Rolle spielt der Schatten im Zwischenmenschlichen?
Verena Kast: Gelegentlich erregen Menschen, die kaum etwas gesagt oder getan haben, unseren Widerwillen, und es entsteht dadurch eine Feindseligkeit, die eine Konsequenz der Verkörperung unserer projizierten Schatten sein kann.

Sind Erscheinungen wie Fremdenfeindlichkeit Phänomene, die auf den Schattenaspekt zurückgeführt werden können?
Verena Kast: Unbedingt. Da der eigene unbekannte Schatten uns immer auch unheimlich ist, verwandelt die Projektion des Schattens die Umwelt in unser eigenes unbekanntes, unheimliches Gesicht. Aber auch die Art der Bedrohung, die wir empfinden, hängt vom jeweiligen Schattenaspekt ab, den wir projizieren. Handelt es sich um unseren aggressiven Schatten, empfinden wir uns plötzlich von einer aggressiven Welt umgeben. Ist unsere Faulheit im Schatten, haben wir es mit angeblich faulen Menschen zu tun. Verlagern wir unseren Egoismus in den Schatten, empfinden wir andere Menschen als egoistisch.

Aber, so könnte man doch einwenden, es gibt doch tatsächlich aggressive, faule, egoistische Menschen?
Verena Kast: Schon dieses „es gibt" ist ein Problem, das darauf hinweist, „warum" wir etwas „wie" wahrnehmen. Und eine zweite Frage ist, wie viel Energie, welchen Wert wir hineinlegen. Diese Energie weist darauf hin, dass das Problem etwas mit uns zu tun hat. Eine schwerwiegende Folge der Schattenprojektion ist, dass wir

uns nicht mehr konstruktiv mit unseren Problemen auseinander setzen können. Wir haben sie ja als bei Anderen liegend identifiziert. Da brauchen wir uns nicht mehr mit uns zu befassen. Dann beginnt der Kreislauf von Angst und Aggressivität und die Opfer-Täter-Dynamik. Durch die Projektion erfahren wir uns als Opfer des Schattenträgers oder der Schattenträgerin und können unser Leben nicht mehr selbstverantwortlich gestalten. Dies kann auch soziale Folgen haben. Indem wir unseren Schatten delegieren, bringen wir andere Menschen in unserer Umgebung dazu, diesen Schattenteil für uns zu leben. In Familien finden wir manchmal ein Mitglied, das für Wutanfälle zuständig ist. In seiner Anwesenheit können sich die Anderen als kontrolliert und friedlich einstufen. Das Problem taucht erst dann auf, wenn diese Person plötzlich nicht mehr da ist. Diese Dynamik trifft sicher auch auf andere soziale Gruppen zu, am Arbeitsplatz, in den Betrieben, in Schulklassen.

Das scheint eine universelle soziale Dynamik zu sein. Wann auch immer ein Mensch deutlich unseren Schatten verkörpert, stellt sich eine eigentümliche Beziehungsdynamik ein. Denn wir entwickeln ja nicht einfach Desinteresse, sondern Ablehnung. Und das gibt es auch als Gruppendynamik. In Dialogprozessen ist unsere Erfahrung, dass es notwendig ist, diese Schattenaspekte nicht nur wahrzunehmen, sondern auch zu fragen, was wir aus ihnen über unsere eigenen Persönlichkeitsstrukturen lernen können, wenn wir unsere Handlungsmöglichkeiten erweitern und verändern wollen.

Verena Kast: Das genau ist eine sinnvolle Herangehensweise. Dann ergeben sich auch differenziertere Wahrnehmungen. Vielleicht können wir dann sehen, dass der Projektionsträger uns einen kleinen Haken für unsere Projektion anbietet. Und wir erkennen auch, dass es prinzipiell keine Erkenntnisse gibt, ohne dass wir eine innere Erfahrung auf die Umwelt übertragen.

Nach dem Motto: Wir sehen nur, was wir wissen?
Verena Kast: Genau. Ohne unsere innere Erfahrung gibt es keine Kenntnisse. Ohne dass wir zum Beispiel die Erfahrung unseres Egoismus haben, können wir keinen Egoismus erkennen. Es

gibt ja auch die kollektiven Schatten, die zu der Zeit, in der eine bestimmte Kultur dominiert, nicht von allen als solche erkannt werden. Manchmal können diese erst rückwirkend in vollem Umfang erkannt werden. Denken Sie beispielsweise an die NS-Zeit oder an das sonderbare Verhalten der Menschen angesichts der globalen Klimakatastrophe – von Politikern bis zum Durchschnittsurlauber auf den Malediven.

Welche positiven Seiten können wir dem Schatten abgewinnen?
Verena Kast: Schattenseiten sind oft sehr starke Seiten, Aspekte unserer Persönlichkeit, die mit viel Energie verbunden sind. Deshalb können uns ihre Aspekte stark machen. Kämpfen wir aber unversöhnlich dagegen, dann können uns diese starken Energien, die hier schlummern, auch zerstören. Was unser Leben mit Sinn erfüllt, ist die Arbeit mit uns selbst. Dabei ist der Schatten etwas, das sich unserem Ich-Ideal entzieht, etwas, das wir nicht zu leben wagen. Manchmal schlägt der Schatten zu, manchmal wartet er geduldig vor der Tür, manchmal verkleinert er sich, wenn ich mutig auf ihn zugehe wie der Scheinriese Turtur von Michael Ende in: „Jim Knopf und Lukas der Lokomotivführer", der größer wurde, wenn er sich entfernte.

If you spot it – oder: wie du in die Welt schaust...

Ein Wanderer begegnet kurz vor einer kleinen Stadt am Wege einem alten Mann und fragte ihn: „Wie sind die Menschen hier dieser Stadt?" Der alte Mann antwortet mit einer Gegenfrage: „Wie sind die Menschen in deiner Heimatstadt?" Der Wanderer antwortet: „Die Menschen dort sind feige, geizig und unfreundlich." Da antwortete der Alte: „Nun, die Menschen hier sind auch feige, geizig und unfreundlich." Nur wenig später begegnet dem Alten ein zweiter Wanderer, der ihn dasselbe fragt. Wieder stellt ihm der Alte die Gegenfrage. Der zweite Wanderer antwortet: „In meiner Heimatstadt sind die Menschen mutig, großzügig und von größter Freundlichkeit." „Nun", antwortet der Alte, „genauso sind die Menschen hier auch."

Nach Romhardt, Kai, *Wissen ist machbar*, Econ Ullstein List, München 2001 S. 53

Dialogische Intelligenz

Annahmen, Bewertungen, Vorurteile in der Schwebe halten

„Man besitzt nicht nur die Fähigkeit, die Welt wahrzunehmen, sondern auch die Fähigkeit, seine Wahrnehmung davon zu verändern; einfacher gesagt, man kann die Dinge verändern durch die Art, wie man sie betrachtet."

Tom Robbins

Lernen, die eigenen Schatten wahrzunehmen

Der Dialog bietet uns die Chance, durch die Verlangsamung des Prozesses zu bemerken, wie eigene Reaktionen auf Wortbeiträge entstehen: „Warum bin ich bei manchen Beiträgen hellwach, warum und wann werde ich müde, wo steigt Ärger in mir hoch – wie fühlt er sich an –, an welchen Stellen möchte ich unbedingt etwas sagen?" Solche Reaktionen, die uns im Alltag nicht selten „regieren", können im Dialog eher bemerkt werden und können konkretes Lernmaterial für unsere persönliche Weiterentwicklung und Selbstbestimmung werden.

Wie beurteile ich mich, wie beurteile ich Andere? Welche meiner Schattenseiten verdamme ich bei Anderen, welche „vergolde" ich, um was beneide ich Andere? Wie viel Einfühlungsvermögen und Verständnis kann ich entwickeln? „Es gibt kaum eine Persönlichkeit, von der ich nicht sagen würde: Das könnte auch ich sein. Selbst wenn diese Figur Dinge macht, die ich nie machen würde, ist es dennoch meine Aufgabe, so tief in mir zu suchen, auch in allen Niederungen meines Charakters, bis ich sagen kann: Na ja, unter gewissen Umständen könnte ich auch so handeln wie die betreffende Figur." Der Schauspieler Klaus Maria Brandauer beschreibt mit diesen Worten, wie diese Einfühlsamkeit für das Fremde für ihn, den profilierten Charakterdarsteller, die Grundlage zur Darstellung schwieriger Charaktere ist. „Ich bin zutiefst davon überzeugt, dass alle, die gelebt haben, die jetzt leben und leben werden, meine Brüder und Schwestern sind. Das Erstaunliche ist, dass die meisten Menschen immer hoffen, dass sie mit Mutter Teresa verwandt sind. Ich weiß aber, dass ich auch mit Nero, Stalin und mit Hitler verwandt bin. Und nur dadurch bin ich in der Lage, meinen Beruf tatsächlich auszuüben."

Das Wissen um die Vielschichtigkeit der menschlichen Person wird uns zwar nicht allesamt zu Spitzenschauspielern machen. Vielleicht ermöglicht es uns aber einen anderen Zugang zu verborgenen Potenzialen und ermutigt zumindest zum Ausprobieren anderer Verhaltensweisen. Häufig entsteht eine innere Bereitschaft zu einer veränderten Sicht- und Handlungsweise durch Unzufriedenheit mit der bestehenden Situation. Wenn Beziehungen, Partnerschaften in einer Sackgasse sind, Alternativen überlegt werden, eine Veränderung herbeigesehnt wird, werden neue Verhaltensmöglichkeiten eher gesucht und bereitwilliger ausprobiert.

Die bewusste Begegnung – auch mit meinen inneren Schatten und mit mir selbst im Anderen – können wir bereits mit den eigenen Kindern üben. Der Dialog kann als Prozess im Familienalltag, als Haltung in der Erziehung hilfreich sein, um neu hinzuschauen und auch Vertrautes neu zu bewerten, so dass wir uns mehr dem annähern können, „wie wir wirklich gemeint sind", und zugleich unseren Kindern ermöglichen, ihre eigenen Stärken zu erleben und Schwächen zu akzeptieren. Die gegenseitige Bestätigung kann Raum schaffen für Authentizität, Fehlerfreundlichkeit und Entwicklung.

Bubers Vorstellung, dass im Kontakt mit den Mitmenschen die reale Quelle zur wirkenden Veränderung liegt, macht Hoffnung für dialogische Prozesse. Es kommt dann nicht nur darauf an, als Mensch etwas über sich und seine persönliche Biographie zu wissen, sondern darauf, zugleich im Kontakt mit dem anderen zu sein und sozusagen „alles Zwischenmenschliche" wirken zu lassen. Buber macht bewusst, wie sehr Menschen einander Bestätigung schuldig sind und wie viel mehr sie diese Bestätigung brauchen als Essen und Kleidung.

Die Qualität eines jeden Gesprächs wird weitgehend bestimmt von der Haltung der Menschen, die es führen, von deren Annahmen, Bewertungen, Schlüssen und Urteilen. Wie sortiere ich, beurteile oder verurteile ich, was mir begegnet? Wenn ich es spannend fand,

Bewerten oder Begegnen:
„Was mich betrifft, kenne ich keinen Vorgang,
der stärker befreit,
der tiefer das Gefühl von Befreiung und Freiheit schafft,
als das Wegfallen oder Wegdenken eines Vorurteils."

Peter Handke

heißt das auch, dass alle es spannend fanden? Wenn ich jemanden als anstrengend empfinde, war sie oder er das für andere auch?

Unsere Sprache verführt dazu, die persönlichen Bewertungen, die wie jeweils über eine Situation, ein Ereignis oder eine Person entwickeln, für wahr im Sinne von allgemeingültig zu halten. „Das war aber spannend!" „Die ist ja wirklich anstrengend!" „So eine wunderbare Dialogrunde ..." „Heute war das Gespräch richtig oberflächlich." „Der hat ständig so klug dahergeredet."

Sobald solche Bewertungen sich ihrem Kontext entziehen und zu scheinbar objektiven Feststellungen verselbstständigen, verlieren wir die Wahrnehmungsschärfe für die Wirkung unserer eigenen Annahmen und den Blick dafür, dass wir selbst die Urheber derartiger Bewertungen sind. Wir setzen sie schließlich mit der Wirklichkeit gleich und können uns kaum vorstellen, dass andere diese Bewertungen vielleicht nicht teilen.

Häufig gibt es zwar geteilte Einschätzungen und Beurteilungen, die sich an dominierenden kulturellen und sozialen Normen, an Höflichkeit oder taktischem Verhalten orientieren können und dadurch als mehrheitsfähig erscheinen – aber schon, wenn jemand aus einer anderen sozialen oder kulturellen Gruppe anwesend ist, können sich solche vermeintlich wahren Urteile überraschend schnell ändern. Wie ist es zum Beispiel mit unserer Haltung gegenüber den Kopftüchern muslimischer Lehrerinnen – oder gegenüber der Kopfbedeckung katholischer Ordensfrauen? Wie weit beeinflusst das Medienbild unsere Wahrnehmung muslimischer Mütter oder junger Frauen?

Die Reflexionsrunden nach einem Dialogprozess machen immer wieder in beeindruckender Weise deutlich, dass es den guten oder schlechten Dialogprozess nicht gibt, dass es aber wohl Dialogprozesse gibt, die von einer Mehrzahl als angenehm oder als schwierig empfunden werden. Wenn wir beschreiben, wie wir etwas erlebt haben, und formulieren: „Es war ein guter oder schlechter Dialog", so überschreiten wir schon die Grenze zwischen Bewertung und Beobachtung, denn wie „es" für andere war, könnte ich erst durch einen konkreten Austausch erfahren.

Eine dialogische Sicht der Welt basiert darauf, unterschiedliche individuelle Ansichten zunächst nicht abzuwehren oder zu verur-

3. Licht im Schatten der Erkenntnis

Die Ausarbeitung eines überzeugenden Konzeptes

teilen, sondern als Ergänzung und Bereicherung der eigenen Sichtweise zu sehen. Im Gespräch das eigene Verständnis durch das Verstehen des anderen zu vertiefen, ohne eigene Wahrheiten verteidigen zu müssen – ohne der Verführung nachzugeben, durch den Kampf gegen das Andere, Fremde oder Ungewohnte eigene Unsicherheiten zu vermeiden.

Ein dialogisches Gespräch braucht einen gemeinsam geschaffenen, sicheren Raum, einen Vertrauensraum („container", von lat. continēre = zusammen-halten), der es zulässt, dass eigene Annahmen und fremde Sichtweisen sich begegnen, um gemeinsam erforscht zu werden. Ohne Anspruch, sich ändern zu müssen – mit dem Wunsch, die Beweggründe, Bedürfnisse und mentalen Muster besser zu verstehen, die verschiedene Weltbilder prägen.

Eine Schaukel bauen

Du besitzt
Alle Zutaten
Um dein Leben
In einen Albtraum zu verwandeln –
Mische sie nicht!

Du hast genug schöpferischen Geist
Um in deinem Garten für Gott eine
Schaukel zu bauen,

Das wird ein Riesenspaß!
Lass uns mit Lachen beginnen, Entwürfe zeichnen,
Unsere talentierten Freunde einladen.

Ich werde dir helfen
Mit meiner göttlichen Trommel und Leier.

Hafis
Wird tausend Worte singen
Und du kannst sie in die Hände nehmen
Wie goldene Sägen,
Silberne Hämmer,
Schimmerndes Teakholz,
Starke Seile aus Seide.

Du besitzt alle Zutaten
Um dein Leben in Freude zu verwandeln.

Mische sie, mische sie!

Hafiz

4. Dem Geist eine Form geben – form follows function

Entwicklung von Form und Vereinbarung

Bohms Nachdenken über den Dialog, seine Vorträge und Seminare, sein Buch „On Dialogue" inspirierten in den USA ein Forschungsvorhaben zum Dialog, das in den Jahren 1992 bis 1994 am Massachusetts Institute of Technology (MIT) unter der Leitung von William Isaacs durchgeführt wurde. Freeman Dhority arbeitete daran als Facilitator des City of Boston Dialogue mit[19] und brachte diese Impulse mit über den Atlantik, wo er – als Germanist – schon längere Zeit Seminare zum sogenannten suggestopädischen Lernen und zur Potenzialentfaltung durchgeführt hatte.

Durch die langjährige Arbeit mit Gruppen in Deutschland bekam der Dialog ein eigenes Gesicht und wurde lebendig. David Bohms theoretische Vorträge, sein grundlegendes Dialogverständnis gaben den Denkanstoß, er blieb über seinen Tod hinaus Mentor der Dialog-Arbeit.

Wir haben in den vergangenen Jahren Erkenntnisse aus Pädagogik, Organisationsentwicklung, Psychologie, Gewaltfreier Kommunikation, TZI und Supervision integriert, um ein gemeinsames Lernfeld für Gruppen zu schaffen. Bei der dialogischen Erkundung des Denkens, auf die sich Menschen miteinander einlassen, wird es möglich, gemeinsam zu lernen: über eigene Denkprozesse, Denkkonstrukte, über das Entstehen von Gefühlen und die Wirkung von tief verwurzelten mentalen Modellen, die unseren Blick auf die Welt prägen. Vielleicht würde sich David Bohm freuen – sollte er einmal herunterschauen auf das, was hier auf der Erde aus

---

19 Siehe dazu auch unser Buch „*Miteinander denken*".

seinem Vermächtnis geworden ist. Das Experiment Dialog hat eine eigene *Form* bekommen, die diesen Erkenntnis-Prozess erleichtern kann. Insofern können wir bei unserer Arbeit nicht mehr vom Bohm'schen Dialog im puristischen Sinn sprechen. Das Hauptaugenmerk bleibt stets die Einladung, wach dafür zu sein, wie unser Denken entsteht, an welchen Impulsen und Annahmen es sich entzündet, welche inneren Wege es nimmt, wo es unsichtbare Leitern hinaufspringt, welche Gefühle es kreiert und wieder verschwinden lässt.

Ein verlässlicher und gleichzeitig entwicklungsoffener Rahmen erleichtert diesen Forschungsprozess. Zugleich muss auch dieser Rahmen, diese Form Objekt der Fragen und Erkundungen bleiben können.

Daher bleibt die Einladung für alle Dialogpraktiker, wach dafür zu sein, ob die dialogischen Vereinbarungen sinnvoll und hilfreich sind für die konkrete Gruppe, um die es geht. Die Bedürfnisse und Lernmöglichkeiten sind sehr unterschiedlich: von Kindern und Jugendlichen in Schule und Stadtteilarbeit, Studentinnen und Lehrern in Fortbildungen, Organisationsentwicklern und Unternehmensberaterinnen, Supervisorinnen und Coaches, Erziehern und Eltern, im interkulturellen und interreligiösen Umfeld – überall gilt es, wach dafür zu sein, wie ein geeignetes Lernumfeld gestaltet werden kann, um die Idee des dialogischen Lernens zu unterstützen.

Einige strukturierende Elemente und Vereinbarungen haben sich im Laufe unserer Arbeit herauskristallisiert:

Das Redeobjekt

Wer sprechen möchte, holt sich aus der Mitte des Stuhlkreises einen Stein, eine Kugel, oder was auch immer als Redeobjekt vereinbart ist, geht zu seinem Platz zurück und spricht mit dem Objekt in der Hand, legt es in die Mitte zurück, wenn er fertig gesprochen hat. Er darf nachdenken, Atem holen, unfertige Gedanken zu formulieren versuchen, ohne dass ihm jemand ins Wort fällt – immer in dem Bewusstsein: Sprich von Herzen und fasse dich kurz!

Für Menschen mit Handicap kann die Gruppe überlegen, welche Modifikationen sinnvoll sind. Den Stein erhöht ablegen auf einen

4. Dem Geist eine Form geben – form follows function

Dialog-Mitte gestalten: kreativer Umgang mit der Grund-Idee und Humor sind gefragt!

Tisch in der Mitte, ein Zeichen vereinbaren, so dass jemand anderes den Stein holt, eine Geste, die das Holen und Zurücklegen des Steines symbolisiert …

Eine Klangschale

Die Idee ist: Zu Beginn und zum Abschluss des Dialogprozesses wird die Klangschale geschlagen: um anzukommen, durchzuatmen, gemeinsam zu beginnen. Wem es während des Prozesses zu schnell geht, wenn ein „Run" auf die Kugel einsetzt, wenn das Erkunden, die Reflexion und Selbstbeobachtung zu kurz kommen, kann die Klangschale wieder angeschlagen werden, um die Verlangsamung einzuladen: solange der Ton im Raum ist, redet niemand.

Der Kreis und die Mitte

Die von Bohm angeregte Kreisform, die eine Gleichrangigkeit aller Teilnehmenden verdeutlicht, haben wir durch die Gestaltung der Mitte ergänzt.

Es ist nicht nur ästhetisch ansprechender, wenn zum Beispiel ein Blumenstrauß die Mitte schmückt, es ist auch einladender, seine eigenen Gedanken – im übertragenen Sinn – über die Blumen zu hängen oder in die Mitte zu legen, (welches Bild auch immer für mich passt) und mich von den eigenen Gedanken zu dis-identifizieren während ich auf meinem Platz sitzen bleibe.

Während wir früher ziemlich konsequent in der Gestaltung waren:
- Blumen (für unsere Verbundenheit mit der Natur),
- eine Kerze (als Symbol für die transformative Kraft des Dialog-Prozesses),
- einen Redestein (zur Verlangsamung des Prozesses und des Sprechens),
- eine Klangschale (als Möglichkeit der zusätzlichen Verlangsamung)

in die Mitte gelegt hatten, ist die Vielfalt und Experimentierfreude mit den Jahren größer geworden. Auch dadurch, dass wir in den Ausbildungsgruppen die Teilnehmenden von Anbeginn einladen, im Wechsel die Begleitung des Dialog-Prozesses und damit auch die Gestaltung der Mitte zu übernehmen.

Wodurch bereits auf das Thema hingewiesen werden kann, das die Gruppe bewegt oder in die Gruppe eingebracht werden soll. Wie zum Beispiel:
- eine bunte Mischung von Stiften und Farben (Thema: Kreativität),
- dicke Pflastersteine, zu einer Mauer gelegt (Thema: Grenzen setzen),
- ein Aktenkoffer, Geldscheine und Münzen (Thema: Werte),
- drei Kerzen und eine Steinkugel,
- dicke, knorrige Wurzeln aus dem Wald und ein Feldstein,
- ausgewählte Bild-Karten der Kernfähigkeiten,
- eine Skulptur auf einem Teppich,
- nur ein Stein auf einem Tuch ...

In einem Bild, einer Skulptur, einem Objekt, in der Gestaltung der Mitte kann etwas sichtbar werden, das neue Gedanken anstößt und einen Dialog erleichtert – ebenso wie es Widerstände herausfordern kann – beides Möglichkeiten, die im Dialog erkundet werden können.

Für uns hat sich die bewusste Gestaltung der Mitte als hilfreiches Mittel für das gemeinsame Ziel gezeigt: der Vertiefung des Dialogs. Wie alles, was im Dialograum geschieht, kann sie zur Erkundung einladen, auch selbst Thema werden, denn die grundsätzliche Einladung im Dialog-Prozess ist, sich alles, was geschieht, als Möglichkeit zum gemeinsamen Lernen und zum Verstehen unseres Denkens anzuschauen. Gemeinsam. Ohne political correctness. Im radikalen Geist des Forschens und Erkundens.

Im Dialogprozess gelten zusätzlich unsichtbare und zugleich grundlegende *Vereinbarungen*, die ihn in seiner Intention von alltäglichen Gesprächen unterscheiden. Sie helfen, ein Feld zu schaffen, in dem Bewusstheit und Selbstreflexion wachsen und wo neue Sichtweisen entstehen können. Wichtige Prinzipien sind:
- In die Mitte sprechen
- Keine direkten Antworten auf Fragen erwarten
- Nicht konsens- oder ergebnisorientiert agieren.

Die Teilnehmenden sind gleichrangig, sichtbar durch den Kreis, und sprechen in die Mitte der Gruppe. Es geht mehr darum, einen gemeinsamen Raum für Erkundung und Fragen zu schaffen, als sich direkt auf einander zu beziehen. Gleichzeitig wird erlebbar, wie meine Gedanken entstehen, weil andere zuvor ihre Gedanken formuliert haben. Aus dem Zuhören wachsen neue Impulse, die meine Sichtweise erweitern können, wenn ich das zulasse.

Es braucht einen Vertrauensraum in der Gruppe, um persönliche Sichtweisen auszusprechen. Sich einerseits aufeinander einlassen und gleichzeitig jedem Raum geben, so dass Beiträge, Meinungen, Sichtweisen in die Mitte gegeben werden, ohne dass sich irgendjemand verteidigen oder rechtfertigen muss. Das Beziehungsnetz, das sich entwickelt, wird durch jeden Beitrag fester und gleichzeitig durchlässiger, weil es niemanden einengt.

Soweit die Theorie. In der Praxis kommt es natürlicherweise doch immer wieder dazu, dass sich Teilnehmende aufeinander beziehen, direkte Fragen stellen oder meinen, sich rechtfertigen und erklären zu müssen. Es liegt dann an der Wachheit der gesamten Gruppe, aufmerksam dafür zu sein, wie die öffnende, erkundende Haltung des Dialogs – weg von der verengenden Verteidigungshaltung – wieder eingeladen werden kann.

Dieser Dialog-Prozess ist keine schöngeistige Konversationsübung. Vielmehr kann er die Fragmentierung der Wirklichkeit durch das abendländische rational-analytische Denken aufheben, um hinter die Oberfläche der Erscheinungen zu schauen und die zugrunde liegenden Zusammenhänge von Problemstellungen besser erkennen zu können. Der so verstandene Dialog kann die Kohärenz der impliziten Ordnung aufscheinen lassen und kann helfen, unser Denken ein Stück weit zu defragmentieren. Die verändernde Kraft des Dialogs ist so weitgehend, dass sie zur Entstehung einer neuen Sicht der Welt führen kann. Nicht immer, aber doch immer wieder mal.

Im Prozess des Dialogführens haben wir eine Möglichkeit gefunden, um zu verstehen, wie unser Denken abläuft. Denken nicht nur als rationales Denken, welches die Realität nach historisch geformten Paradigmen interpretiert, zergliedert und in Regeln fasst, sondern auch das Feld der Emotionen, die oftmals unvermittelt – wie aus dem Nichts – zu entstehen scheinen und doch fest verwurzelt sind in den mentalen Modellen, die unsere Weltsicht prägen.

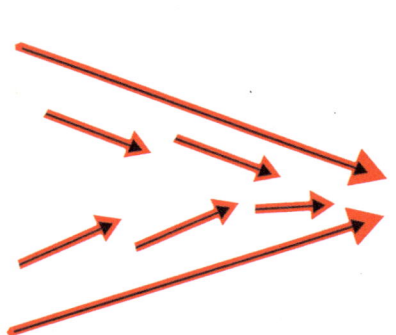

Verengende Haltung der Diskussion

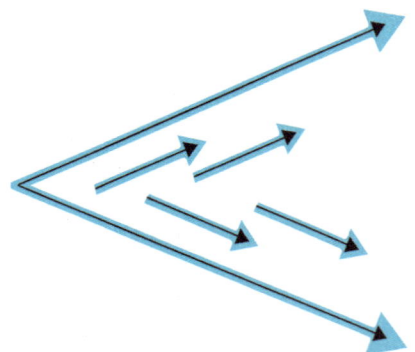

Öffnende Haltung des Dialogs

Kreative Hirnfrequenz durch Verlangsamung

Im Dialog ermöglichen das besondere Setting und die damit verbundene Verlangsamung, dass das Gehirn in komplexeren Hirnfrequenzbereichen tätig sein kann. Damit wird die Grundlage für neue kreative Einsichten gelegt. Der Biophysiker und Zen-Meister C. Maxwell Cade, Mitglied der Royal Society of Medicine, ging der Frage nach, ob Bewusstseinszustände und mentale Fähigkeiten von Yogis mit bestimmten Gehirnwellen verbunden waren. In zahlreichen Untersuchungen mit dem eigens entwickelten Mind Mirror EEG stellte er fest, dass die meisten Yogis im Wachzustand andere Hirnwellenmuster produzieren als die meisten Durchschnittsmenschen. Diese harmonische Kombination aus Beta- (38-15 Hz), Alpha- (14-8 Hz), Theta- (7-4 Hz) und Deltawellen (3-0,5 Hz), bezeichnete er daraufhin als „Awakened Mind" (erwachter Geist).

Beim durchschnittlichen Menschen ist der Wachzustand hingegen im Wesentlichen von Beta-Wellenaktivität geprägt. Meditative Bedingungen begünstigen das Zustandekommen von Theta-Wellen. Sie begleiten die Traumphase im REM-Schlaf, aber auch die Meditation und Kreativitätsphasen. Gleichzeitig ist dabei immer die Anwesenheit von Alpha-Wellen notwendig, um die Erfahrungen, die während der Theta-Wellen entstehen können, bewusst zu verarbeiten und erinnern zu können. Delta-Wellen begleiten eine noch tiefere intuitive Aufmerksamkeit. Außerdem gibt es noch die Gamma-Wellen (100-38 Hz), sie sind bisher noch am wenigsten erforscht. Sie stehen mit Spitzenleistungen im Zusammenhang und sind durch starke Konzentration und Fokussierung so wie transzendente Erfahrungen gekennzeichnet.

Wichtig scheint die Kombination der verschiedenen Hirnwellen zu sein. Die Untersuchungen von Anna Wise und Maxwell Cade zeigten, das viele Menschen den Gehirnwellen-Zustand des „Awakened Mind" zumindest zeitweise produzieren können und zwar meistens dann, wenn das Bewusstsein klarer, flexibler, origineller und schneller wird und tiefe Einsichten möglich werden.

Durch das Dialogsetting versuchen wir eben gerade nicht im Normalzustand der alltäglichen Unterhaltung zu verharren. Durch Entschleunigen, durch die Möglichkeit, gemeinsam oder alleine zu schweigen und zur Mitte zu sprechen, wird die Entstehung einer Gehirnwellensymphonie unterschiedlicher Frequenzbereiche begünstigt. Das unterstützt kreatives Denken und kann neue Potentiale entfalten. [20]

Formen des Dialogs

Ein Gespräch, in dem Sinn neu entsteht (Bohms „dia-logos") und die Beteiligten eine „lebendige Gegenseitigkeit" (Buber) miteinander schaffen, kann durchaus auch bei einer zufälligen Begegnung geschehen. Bei bewusst gestalteten Dialogen unterscheiden wir zwischen thematischen Dialogen, die eine besondere Frage an den Anfang stellen und versuchen, diese dialogisch zu vertiefen und generativen Dialogen – ohne vorgegebenes Thema – bei denen Themen auftauchen, sich kürzer oder länger halten, aber nicht der eigentlich Zweck des Zusammenkommens sind.

Der Fokus des Dialogs liegt in beiden Fällen darauf, sich bewusst zu werden, wie in der Runde miteinander geredet wird und wie jede* Einzelne mit eigenen Gedanken und Gefühlen umgeht. Die Reflexion des Prozesses – zum Beispiel mit der Frage: „Wie habe ich den gemeinsamen Prozess erlebt?" – kann entscheidend sein für neue Einsichten. Immer wieder ist überraschend, wie unterschiedlich ein gemeinsames Erlebnis wahrgenommen, interpretiert und bewertet wird, wie viele einzelne „Wahrheiten" es geben kann und wie sehr individuell unterschiedliche Wahrnehmungs-„Brillen" die Weltsicht färben und verändern können.

Wirkungen

Der Dialog versteht sich nicht als therapeutischer Prozess, obgleich er eine durchaus heilsame Wirkung haben kann. Eine gesunde

---

20 Wise, Anna, *Power Mind Training – Ein Hirnwellen Trainingsprogramm – Ein Praxiskurs für Kreativität, Gesundheit & Erfolg,* Jungfermann Verlag, 1998

Belastbarkeit und Bereitschaft zur Selbstreflexion wird von uns einerseits immer als notwendige Voraussetzung benannt. Zugleich haben mit Klienten geführte Dialoge eindrucksvoll gezeigt, dass manchmal gerade die Weltsicht von Menschen mit besonderen Wahrnehmungen, die sehr schnell durch Etikettierungen wie Schizophrenie oder Psychose abgewertet werden, den Dialog-Prozess und die verschiedenen Welt-Bilder bereichern kann.

Seit über 20 Jahren gibt es in Finnland einen Ansatz radikalen Dialogs in der Psychiatrie: Professor Seikula und Alanen, die sich auf Augenhöhe mit Menschen zusammensetzen, die andere Wahrnehmungen haben als sie dem Durchschnitt zugänglich sind, Stimmen hören, die nur für sie hörbar sind – und mit deren Angehörigen. In Finnland ein akzeptierter und möglicher Umgang, in Deutschland nur schwer vorstellbar. Wenn auch immerhin versucht. Zwischen beiden Ländern gibt es gegenseitige Einladungen zu Fortbildungen und Vorträgen. Vielleicht brauchen die Früchte noch etwas länger, um sich zu entwickeln.

Dialogprozess-Begleitung[21]

Häufig taucht die Frage auf, wie ein Dialogprozess in einer Gruppe initiiert und unterstützt werden kann. Wie oben erwähnt, ist es zunächst wichtig, die Erwartungen einer Gruppe und die Vereinbarungen zum Prozess gemeinsam zu klären. Vereinbarungen können entweder mit der Gruppe zu Beginn in gemeinsamer Überlegung getroffen oder von den Begleitern vorgeschlagen werden – etwa anhand der vorgestellten Kernfähigkeiten. Die Präsenz und Haltung der Begleitenden gibt Anstöße, geführt werden kann der Dialogprozess immer nur von der Gruppe gemeinsam.

Die Begleiter (Facilitator) können zum einen die Aufgabe übernehmen, Form und Vereinbarung zu gestalten,

---

21 Danke an Heinz Verst und Hermann König nicht nur für die Gespräche über die Dialog-Begleitung!

- zeitlich (Anfang, Ende, Reflexionszeit)
- und räumlich (Gestaltung des Raumes, des Stuhlkreises, der Mitte).

Sie können die Gruppe während der vereinbarten Zeit begleiten, indem sie darauf achten, dass die gemeinsam getroffenen Absprachen eingehalten werden (wie die Einführung von Redestein und/oder Klangschale). Dafür ist zugleich jedes teilnehmende Gruppenmitglied ebenso verantwortlich. Nur dadurch können die Facilitator sich baldmöglichst überflüssig machen.

Für Interventionen während des gemeinsamen Prozesses ist es wichtig, vorweg das Einverständnis der Gruppe einzuholen. Die Begleitung eines Dialogprozesses bedeutet keine thematische Straffung, kein Sichtbarmachen, Zusammenführen des „roten Fadens" oder Aufstellen von Rednerlisten zur Berücksichtigung aller Redebeiträge – und unterscheidet sich dadurch von der Moderation. Begleitung bedeutet vielmehr waches Interesse für den Prozess, für unterschiedliche Sichtweisen. Fragen zu eigenen Annahmen und Bewertungen können ebenso hilfreich sein wie Ermutigung zur Neugier, zum Interesse am anderen Standpunkt. Möglichst wenige Interventionen scheinen für die Entwicklung eines Dialogs hilfreicher als zu viel „Leitung".

In vielen Gruppen bleibt eine Spannung zwischen dem Verständnis von Moderation und Begleitung, die angestrebte Rolle der Begleitung ist ungewohnt und manchmal auch unbequem (nach dem Motto: „Jemand sollte doch die Regie übernehmen!").

In Gruppen, die noch nicht mit der Dialogarbeit vertraut sind, werden die Begleiter mehr erläutern und moderieren, beispielsweise nachfragen: „Wo sind wir jetzt? Was wollen wir? Diskussion oder Dialog?" Oder Fragen stellen wie: „Welche Gedanken und Fragen beschäftigen Euch?" Ein Werkzeug – wie zum Beispiel ein leerer Stuhl, um verleugnete, vermiedene, verneinte Stimmen einzuladen, kann helfen, eine lebendige Dynamik zu entwickeln.

In geübteren Dialoggruppen wird die Gruppe zunehmend ihre Verantwortung selbst wahrnehmen und die Begleitung abwechselnd übernehmen. Die wichtigsten Qualitäten des Facilitator: seine Vision des Dialogs – und seine Liebe zu den Menschen, so verschieden sie sind, die sich besonders in der Ermutigung zeigen kann, Unterschiedlichkeit und Vielfalt auszuhalten und deutlich zu machen.

Unterschiedlichkeit schätzen, Paradoxien und Disharmonien aushalten, Lust aufs freie Feld, auf die Weite, das Neue, keine Angst vor Hindernissen – solche Qualitäten braucht es, ganz ähnlich wie bei einem guten Lehrer und Lernbegleiter, der Lernenden ermöglicht, etwas in sich selbst zu entdecken.

Alle an einem Dialog-Prozess Beteiligten sind gleichwertig und damit auch gleich verantwortlich. Die Begleiter sind verantwortlich für das Zur-Verfügung-stellen eines geeigneten Raumes und die Vorbereitung dieses Raumes, gegebenenfalls die Gestaltung einer Mitte, die Zeitvereinbarung und eventuell die Einführung eines Themas. Je nach Vereinbarung mit der Gruppe können sie zur Einhaltung der gesetzten Zeit kurz vor Ablauf der Zeit einen Hinweis darauf geben.

Wichtig ist die Mitgestaltung des inneren Raumes, des Vertrauensraumes der Gruppe, der den Dialog beheimatet. Dieses Feld trägt und prägt den Dialog-Prozess. Die Begleiter tragen einen wesentlichen Teil zu dieser besonderen Atmosphäre und diesem gemeinsamen Feld bei. Dieses geistige Netzwerk wird durch ihre Persönlichkeit, kontinuierliche Präsenz und innere Haltung geprägt, unabhängig davon, ob sie selbst sich im Dialog äußern oder ob sie schweigen. Und es wird ebenso von allen geprägt, die daran teilhaben.

In Gesprächen und Gruppensituationen nehmen Menschen verschiedene Rollen ein: Einige wollen etwas voranbringen, andere sorgen für Widerstand und bringen Gegenargumente ein. Einige unterstützen die eine oder andere Position, wieder andere bleiben eher passive Zuschauer. Dies lässt sich auch in Dialogprozessen beobachten. Wie in allen Gruppenprozessen kommen dabei unterschiedliche Rollen zum Tragen. *David Kantor* unterscheidet in seinem Modell folgende Rollen, die häufig von Gruppenteilnehmerinnen und -teilnehmern eingenommen werden: *Initiator, Kritikerin, Unterstützerin, Beobachter*[22]

---

22 Im englischen Original: mover, opposer, follower, bystander, verschiedentlich auch übersetzt als: Macherin, Gegenspieler, Mitläuferin, Zuschauer. Unsere eigene Reaktion auf die Variation männlicher oder weiblicher Endungen kann uns deutlich machen, wie wir diese Rollen vorrangig erleben. Üben wir Aufmerksamkeit und Flexibilität im Umgang damit!

Die Kenntnis dieser Dynamiken kann es erleichtern, den Prozess gelassen zu begleiten und manche Äußerungen als Teil einer bestehenden Gruppendynamik zu verstehen. Die Kunst in der Begleitung liegt dann darin, gleichzeitig die „lernende Haltung" und den eigenen „Anfängergeist" zu bewahren, jede Äußerung für sich ernst zu nehmen und nicht durch Einordnung in ein schematisches Modell abzuwerten.

Eine Frage an alle Teilnehmenden ist, ob sie festgelegt bleiben wollen auf eine bestimmte Rolle oder ob sie zwischen verschiedenen Rollen wechseln wollen (und können) und wie bewusst ihnen das jeweils ist.

Seine begrenzten Wahlmöglichkeiten zu erkennen, zu vergrößern und zu sehen, dass man mehr Optionen zur Verfügung hat, ist eine wesentliche Motivation zur Teilnahme am Dialog. Ob es möglich ist, in einer Gruppe auch die Zuschreibungen, die untereinander passieren, durchschaubar und veränderbar zu machen, ist eine zusätzliche Frage. Bei geschlossenen Dialog-Veranstaltungen in Organisationen oder Institutionen kommt die Wirkung verschiedener Hierarchien hinzu, wenn zum Beispiel jemand aus der Leitungsebene anwesend ist und weder selbst seine Rolle transparent machen kann, noch die prinzipiell im Dialog notwendige Gleichberechtigung der Teilnehmenden die Wirkung der Hierarchien durchdringen kann.

Was bedeutet das für die Rolle der Begleiter? Am ehesten kann ihre Rollenzuschreibung in einer Gruppe, die sich regelmäßig trifft, durchbrochen werden, wenn zum einen verschiedene Teilnehmende die Begleitung im Wechsel übernehmen und zum anderen die Gruppe vereinbart, welche Aufgaben zu dieser Rolle gehören; beispielsweise das Vorbereiten des Raumes, die Einladung zu einer bestimmten Fragestellung, das Erinnern an die Zeitverabredungen. Je klarer diese Verabredungen sind, umso sicherer wird der Raum für die offene dialogische Erkundung.

Das Motto „Lass die Wurzeln dran" ist im Dialog die Einladung, meine Motivation, meine Geschichte zu einem Beitrag offen zu legen. Auch das bietet allerdings keine Garantie dafür, dass mich alle so verstehen, wie ich es mir wünsche. Die grundsätzlich andere Sicht der Welt durch andere Augen lässt sich dadurch nicht auflösen. Allerdings kann dadurch das Beziehungsgeflecht gefestigt werden, die Tragfähigkeit des gemeinsamen Bodens, auf dem der Dialog stattfindet.

Je mehr ich von dir weiß, je besser ich deine Geschichte kenne, deine Fragen, Zweifel und Hoffnungen, desto mehr kann ich dich so akzeptieren, wie du bist – zumindest ist das die Vision. Gleichwohl kann ein und derselbe Beitrag als sinnvolle Ergänzung, notwendige Korrektur oder als übergriffige Intervention erlebt werden – in ein und derselben Gruppe. Das ist vielleicht immer wieder das Überraschendste in den Abschluss- und Reflexionsrunden: wie unterschiedlich, vielfältig und gegensätzlich das Erleben innerhalb einer Gruppe bleibt.

In Gruppen, die den besonderen Geschmack des dialogischen Gesprächs neu erleben wollen, wird von den Begleitenden erwartet, dass sie intervenieren, wenn der Dialog-Prozess nicht das hält, was er in der Intention der Erkundung und Erforschung des eigenen Denkens verspricht. Das bedeutet für die Facilitator, dass sie eine zeitlang einen eher moderierenden Charakter haben. Je transparenter ihre Beiträge und alle anderen Beiträge sind, umso eher können Rollen verändert, Zuschreibungen erkannt und – hoffentlich – verändert werden.

Die Vision des Dialogs wird durch konkrete Menschen und die Stärke ihrer Visionen realisiert. Vielleicht ist das die wichtigste Aufgabe der Begleitung: Ihre Vision als Kraft in das gemeinsame Feld einzubringen. Vielleicht unterscheidet sich hierdurch der Begleiter vom Moderator.

Ein Beispiel aus einem Dialog-Prozess kann das deutlich machen: Ramon spricht unentwegt über viele Facetten der Beziehung zu seiner Frau, die gerade ausgezogen ist, und darüber, was er tun will, um sie bei sich zu halten. Er beschreibt alles sehr detailliert und ausführlich. Andere Teilnehmer kommen lange nicht zu Wort. Der Facilitator kann in einer solchen Situation intervenieren und sagen: „Kannst Du, Ramon, dich an unsere Vereinbarungen erinnern, wovon eine aussagt ‚Sprich von Herzen – und fasse dich kurz!'?" Oder er könnte auch sagen: „Ramon, ich habe Dir zu Beginn Deiner Rede mit Interesse folgen können, inzwischen fühle ich mich aber immer unwohler bei Deiner langen Rede und kann auch nicht mehr folgen. Meine Annahme ist, dass es anderen ähnlich ergeht." Oder, als dritte Möglichkeit, könnte der Facilitator sich nicht äußern, sondern stattdessen dem Prozess nur innerlich folgen und präsent sein.

Alle diese und andere Varianten der Intervention könnten natürlich auch von anderen Teilnehmern kommen. Die erste Variante beschreibt die Form des Appells, die zweite hingegen das Zeigen meiner Wurzeln und die dritte vertraut auf den Prozess. Natürlich könnte hier noch vieles, wie zum Beispiel Diskussionen, Zwiegespräche und so weiter angeführt werden, die Interventionen in diesem Sinne herausfordern könnten.

Zusammenfassend ergibt sich hieraus: Dialogbegleitung – nicht Dialogmoderation – ist in erster Linie eine Intervention nach innen. Es gilt, präsent zu sein für sich selbst, die Gruppe und den Prozess. In dem Moment, wenn ein eigener Impuls zum Sprechen auftaucht, kann der Begleiter diesen zur Verfügung stellen, wie alle anderen auch. Einen Unterschied machen zu wollen zwischen Teilnehmenden und Begleitenden würde im Sinne des Bohm'schen Dialogs eine Fragmentierung gerade an der Stelle bedeuten, die durch den Dialog überwunden werden soll. Gestehen wir den Begleitern eine Rolle zu, die mehr bedeutet als Hüter des Raumes, der Zeit und der inneren Haltung für ihre Vision zu sein, konstruieren wir etwas, was unserer Grundidee des Dialogs widerspricht. Dadurch verfehlen wir uns selbst und viele Möglichkeiten, die sonst der Dialog erst schafft. Die Rollenzuschreibungen aufzulösen, kann dadurch erleichtert werden, dass die Begleitung abwechselnd von verschiedenen Gruppenmitgliedern übernommen wird.

Sich selbst vergessen

„Anfangs kann ein Dialogbegleiter nützlich sein, der die Gruppe eine Zeitlang im Auge behält und von Zeit zu Zeit erklärt, was gerade geschieht. Aber seine Aufgabe ist es, sich selbst überflüssig zu machen. Das kann allerdings seine Zeit dauern. [...] Und die Teilnehmer werden lernen, sich immer weniger auf den Dialogbegleiter zu verlassen. Zumindest ist das die Idee, die dahinter steckt. Unsere ganze Gesellschaft ist so aufgebaut, dass wir glauben, ohne Leiter und ohne Autoritäten nicht auskommen zu können. Aber vielleicht können wir es doch."

David Bohm, *Der Dialog*

Zur Begleitung in den verschiedenen Phasen

1. Phase: *Höflichkeit – Präsenz*
- Jede/n bewusst einladen – Geschichten mit-teilen,
- sicheren Raum schaffen,
- Zuhören vertiefen, Raum für Opposition.

2. Phase: *Fragmentierung/Konfrontation – Prozess*
- Ansichten und Meinungen einladen,
- Unterschiede sichtbar werden lassen,
- Gefühle hinterfragen, Bedürfnisse erfragen,
- unterschiedliche Bedeutungen einladen.

3. Phase: *Erkundung – Bewegung*
- Zu Fragen und Erkunden einladen,
- Stille und Verlangsamung ermöglichen,
- Reflektierendes Erkunden, auftauchende Themen erspüren

4. Phase: *Kreativität – Ahnung für das Nicht-Sichtbare*
- Vielfalt würdigen und benennen,
- Dankbarkeit und Wertschätzung,
- Freude und Humor!
- Stille achten

Die Nacht ...

*Die Nacht kommt und die Menschen schlafen wie Fische
In schwarzem Wasser. Dann der Tag.
Manche nehmen ihr Werkzeug auf.
Andere werden selbst zum Tun.*

Rumi

5. Ein Kompass im Reich des Nicht-Wissens

Licht und Last der Aufklärung

„Oh Jahrhundert, oh Wissenschaft – es ist eine Lust zu leben. Die Studien blühen, die Geister regen sich, Barbarei nimm dir einen Strick und mach dich auf Verbannung gefasst!" So formulierte es der vor Geist sprühende, witzige, sprachlich brillante Aufklärer und Humanist, Ulrich von Hutten, in einem Brief an Willibald Pirckheimer. Er verstand den Dialog als Streitgespräch und entwickelte ihn zu einer scharfen Agitationswaffe der Reformationszeit. Sein Motto „die Luft der Freiheit weht" wurde später inoffizielles Motto der Stanford University in Kalifornien.

Dieser Freudenruf der Aufklärung kann als Ausbruch aus dem Gehäuse der Unwissenheit des Mittelalters verstanden werden. So schön ist dieses Lebensgefühl, wir möchten es nicht vermissen. Wir müssen uns aber heute auch fragen, welche Schattenseiten das Licht der Aufklärung entwickeln kann.

„Ich möchte zum Zeichen der Aufklärung das bekannte Zeichen des Feuers vorschlagen. Es gibt Licht und Wärme, es ist zum Wachstum und Fortschreiten alles dessen, was lebt, unentbehrlich, allein – unvorsichtig behandelt, brennt es auch und zerstört auch", sagte Georg Christoph Lichtenberg.

Der Philosoph Francis Bacon machte deutlich, dass durch das Motto „Wissen ist Macht" auch ein neues Naturverhältnis entstehen kann: „Wir müssen die Natur foltern, damit sie uns ihre Geheimnisse preisgibt." Erst dann könne der Mensch durch Wissen die Welt nach seinem Willen umgestalten. Unsere heutige Wissenschaftsgesellschaft scheint sich immer noch Bacon anzuschließen und zunehmend als „wissensbasiert" zu verstehen. Bei genauerem Hinsehen entdecken wir aber, wie unendlich mehr wir *unwissend* sind, als dass wir die Dinge und Prozesse dieser Welt wirklich verstanden hätten. Warum bekennen wir uns dann nicht etwas bescheidener zu einer „unwissensbasierten" Weltsicht?

Es scheint auch so, dass wir uns alle – mehr oder weniger – lieber durch das, was wir wissen, definieren möchten, anstatt als unwissend entlarvt zu werden. Diese Attitüde kann sich sogar zu einer Berufskrankheit, der „deformacion professionelle" aller lehrenden und wissenschaftlichen Berufe auswachsen. Eine solche Haltung verhindert aber gleichzeitig die Chancen des Dialogs und des offenen Lernens. Beglückende Ausnahmen scheinen diese Regel zu bestätigen.

Die Welt als Objekt unserer Methoden?

Gadamer beschreibt in der ihm eigenen Sprache die Probleme zwischen Beherrschung und dialogischer Teilhabe:

„Selbstbewusstsein ist ein Sekundärphänomen gegenüber der Welthingegebenheit und Weltoffenheit, die wir ... Erkenntnis, Öffnung für die Erfahrung nennen. Diese Kultur, die auf der Unabhängigkeit des über sich selbst reflektierenden Subjekts gegenüber der Realität beruht, ist es auch, von der sich die Aggressivität der modernen Wissenschaft herschreibt, die stets über ihr Objekt mittels einer Methode Herr werden will und so die zwischen Objekt und Subjekt bestehende Gegenseitigkeit der Teilnahme ausschließt, die ... unsere Teilhabe am Schönen, Guten und Gerechten sowie an den Werten des menschlichen Gemeinschaftslebens ermöglicht. Das Wesen der Erkenntnis ist der Dialog und nicht die von einer autonomen Subjektivität ausgehende, übergreifende Beherrschung des Objekts." (Gadamer, *Wahrheit und Methode).*

Bewusstsein bedeutet für Gadamer, dass wir eine selbstvergessene, weltverbundene Handlung, einen Arbeitsprozess, unterbrechen, um über ihn nachzudenken und dabei in eine Phase der tiefen Reflexion einzutreten. Was bedeutet das in der Praxis?

Ein Blick in die Wissenschaftsgeschichte zeigt, dass sogar manche Antworten, von denen allgemein geglaubt wurde, sie gehörten zum Basiswissen, sich bei näherer Betrachtung als falsch erwiesen. Albert Einstein wurde noch zu Beginn seiner Karriere von berühmten Zeitgenossen geraten, sich auf keinen Fall der Physik zuzuwenden, weil dort bereits alles abschließend entdeckt worden sei.

„Sie alle (die Physiker) waren stolz, etwas beweisen zu können. Dass sie das, was sie bewiesen hatten, nicht verstanden, dass sie nicht wussten, was es bedeutet, das merkten sie entweder nicht, oder sie erfanden eine Erkenntnistheorie, deren psychologischer Zweck war, es nicht merken zu müssen, oder sie zerspalteten das Leben in zwei Hälften..." (Carl Friedrich von Weizsäcker, *Wahrnehmung der Neuzeit*, 1983, S. 137)

Zwar wird heute im Ansatz die mechanistische Weltsicht teilweise verlassen, zu Gunsten einer komplexen, dynamischen, prozessorientierten Anschauungsweise. Wenn diese Form des Wissensverständnisses aber von der manipulativen, verwertungsgesteuerten Seite benutzt wird, entstehen nicht selten Risikotechnologien, wie die Atomtechnologie, die Gentechnik oder Pestizidstrategien. Anstatt die Natur mit einem unvoreingenommenen Blick zu betrachten, sie als ein einmaliges Lernfeld zu sehen, wird nicht selten die Macht- und Beherrschungsbrille von Bacon aufgesetzt. Der mangelnde Respekt für das noch Unbekannte, das Nichtwissen, das nicht Rückholbare, verringert die Sicherheit der Lebensprozesse, die natürliche Resilienz auf unserem Planeten.

Die Herausforderung durch das Bestehende ist in der Regel nicht von mangelnden Daten geprägt. Es geht vielmehr um die sinnvolle Verwandlung von gesammelten Daten in sinnvolle Informationen und deren Integration in ein handlungsleitendes Bild. Der Sozialphilosoph Neal Postman spricht von „information junkies", die vollgestopft sind mit Informationen, von denen sie nicht mehr wissen, was sie damit tun können und die kein Gefühl mehr dafür entwickeln, was überhaupt Bedeutung hat und was nicht. Besonders deutlich scheint sich dies im Umwelt- und Klimaschutz zu zeigen. Es herrscht dort kaum ein Mangel an Daten, Informationen und Wissen. Es scheint eher die Ignoranz vor dem Problem zu wachsen und es findet eine zunehmende Verdrängung von Informationen statt, damit wir persönlich und politisch keine Konsequenzen ziehen müssen.

Die Medizin ist ein besonderes Beispiel für die Ansprüche eines solch komplexen Denkens. Nicht immer ist das „Offensichtliche" das „Wirkliche", müssen selbst erfahrene Mediziner bei Fehldiagnosen und Fehlbehandlungen zugeben. Die Wissensprüfung erfolgt aber in vielen Examen nach einem mechanistischen „multiple choice Verfahren". Und schärft damit gerade nicht den Blick für das Einmalige oder Paradoxe. Repetitorien trainieren für die schnellen Antworten, richtig/falsch. Ein „vielleicht" oder „in der Regel, aber" gibt es kaum. Der Mensch ist aber kein digitales, sondern ein analoges und lebendiges Wesen.

Diese Problematik hat die University of Arizona zu einem bemerkenswerten Projekt inspiriert: „Lessons Learned from Ignorance". Im Mittelpunkt dieses Curriculums, das vom „Nichtwissen" statt vom „Wissen" ausgeht, steht die „Landkarte des Nichtwissens". In dieser Landkarte werden verschiedene Arten des Nichtwissens unterschieden, um sich präziser in der Landschaft des Nichtwissens zurecht finden zu können. Statt zu belehren, so heißt es, sollte das Wissen in der Schwebe gehalten werden, nach dem Motto: „Lerne zu lernen, immer wieder bewusst mit dem Zustand umzugehen, wenn Diagnose und Behandlung nicht wirklich eindeutig bestimmbar sind."

Zwischen Lernen und Wissen – die Landkarte des Nicht-Wissens

Ich glaube jedem, der die Wahrheit sucht. Ich glaube keinem, der sie gefunden hat.

Kurt Tucholsky

In ihrem Buch „The Virtues of Ignorance" fragen Vitek und Jackson: „Wenn wir milliardenfach unwissender sind als wissend, wieso gehen wir dann nicht von einer unwissens-basierten Weltsicht aus?" In einem neuen Programm für Medizinstudenten an der Universität von Arizona verweisen sie unter dem Titel „Lessons Learned from Ignorance" auf das Curriculum: Die Landkarte des Nichtwissens, die aus einem großen Fragezeichen mit verschiedenen Bereichen besteht.

Landkarte des Nichtwissens

- Alle Dinge, von denen wir wissen, dass wir sie nicht wissen.
- Alle Dinge, von denen wir nicht wissen, dass wir sie nicht wissen.
- Alle Dinge, von denen wir annehmen, wir wüssten sie, aber die wir nicht tatsächlich wissen.
- Alle Dinge, von denen wir gar nicht wissen, dass wir sie wissen.
- Eine falsche, „gefährliche" Art von Wissen, die eigentlich verboten ist.
- Alle Dinge, die für uns so schmerzhaft sind, dass wir deren Kenntnis verdrängen.

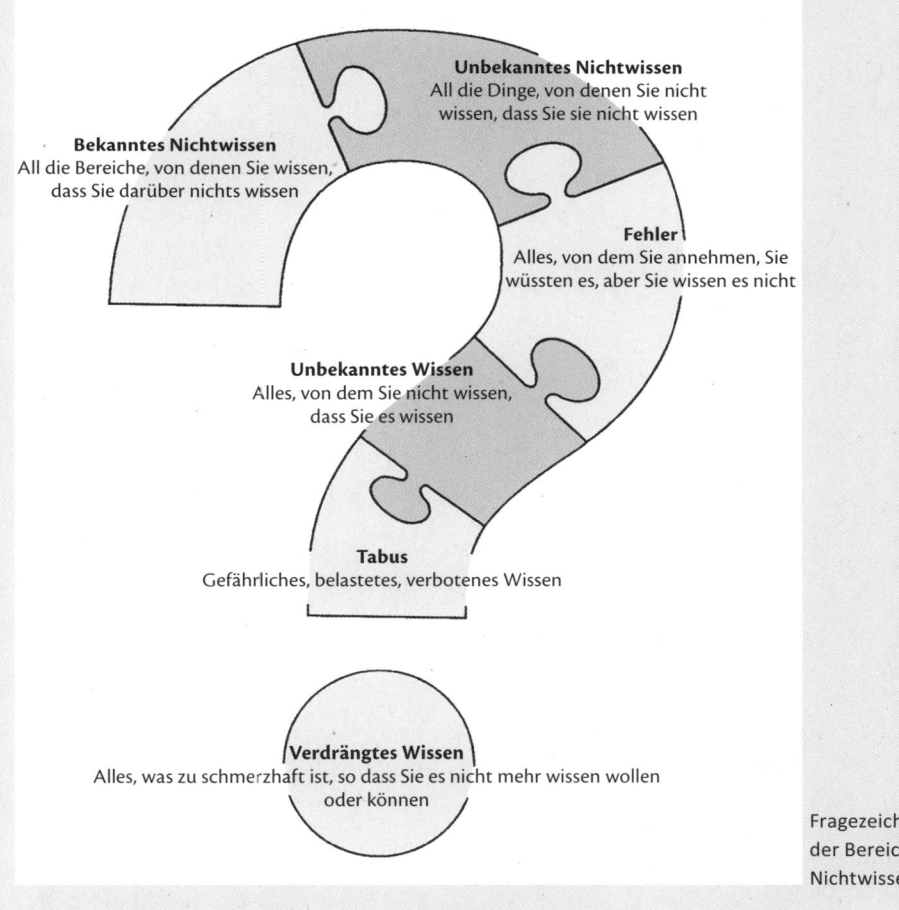

Fragezeichen der Bereiche des Nichtwissens

Forschungsfragen für die Landkarte im Reich des Nichtwissens

1. Wie weiß ich, dass ich nicht weiß?
2. Wie kann ich Gebiete erkunden, von denen ich nicht weiß, dass ich sie nicht kenne?
3. Wie identifiziere ich Bereiche, von denen ich eine feste Meinung habe, die sich als falsch erweisen wird?
4. Wie erkunde ich Dinge/Bereiche, von denen ich gar nicht weiß, dass ich Sie kenne/kann?
5. Wie kann ich „gefährliche" tabuisierte Bereiche meines Wissens erkunden?
6. Will/kann ich Bereiche in mir erkunden, die so schmerzhaft sind, dass ich sie lieber verdränge?

Das Ziel des Curriculums ist die Förderung einer grundsätzlichen Lernhaltung gegenüber dem Leben. Es steht die Erkenntnis dahinter, dass nicht selten mathematisch elegante, hochabstrakte Modelle als einzig brauchbare Strategien für die Lösung komplexer Fragestellungen gehalten werden. Sie werden aber häufig der „Realität" nicht gerecht und ebenso wenig dem menschlichen Denkvermögen und Kommunikationsverhalten. Das ist ein Hintergrund für die Notwendigkeit des Dialogs nach dem Motto: „bitte versteh mich nicht so schnell".

Es geht um die „Infragestellung" der Haltung des „Wissenden". „Alles, was du weißt, ist falsch", dies verweist als ein Kernsatz aus der Erkenntnisphilosophie des sogenannten Konstruktivismus auf das bruchstückhafte, vorläufige, begrenzte Erkenntnisvermögen des Menschen. Aber, und das wird nicht selten vergessen, auch darauf, dass wir uns in die Falle der Selbstverdummung begeben, wenn wir unser begrenztes Vermögen so verstehen, als wüssten wir wirklich „was ist". Oder wie Tucholsky es formuliert hat: „Ich glaube jedem, der die Wahrheit sucht. Ich glaube keinem, der sie gefunden hat."

Noch problematischer für das menschliche Zusammenleben wird es, wenn sich Menschen mit ihren bruchstückhaften Erkenntnis-

vermögen so zusammen tun, dass sie sich mit ihren begrenzten Anschauungen in ihren (Vor-) Urteilen bestätigen. So entstehen die Dynamiken „wir" gegen die „Anderen", die sich dadurch entwickeln, dass wir uns mit unseren Anschauungen identifizieren, so dass wir, wenn unsere Meinungen bedroht sind, uns selbst bedroht fühlen. *Gandhi* betonte einmal, dass ich völlig gelassen bleiben kann, wenn ich weiß, dass meine Meinung richtig ist, wenn ich dagegen im Unrecht bin, brauche ich erst Recht Gelassenheit, um mehr lernen zu können. „Wenn du im Recht bist, kannst du dir leisten, die Ruhe zu bewahren; Und wenn du im Unrecht bist, kannst du dir nicht leisten, sie zu verlieren."
Eine mangelnde Lernfähigkeit und ein begrenztes Problemlösevermögen werden nicht selten den politischen Systemen unterstellt. Heiner Geisler, früherer Generalsekretär einer großen Partei, berichtete einmal, was er als das Kernübel seiner politischen Erfahrungen erlebte: Wenn ein guter Vorschlag von einer als gegnerisch betrachteten Partei käme, ihn reflexartig ablehnen zu müssen.

Dialog heißt stattdessen, unsere Denkweise transparenter zu machen, den Erkenntnisprozess so zu verlangsamen, dass wir nicht nur unsere Denkprodukte als „Gedachtes" vorstellen, sondern zum Denkprozess selbst gelangen. Das heißt auch in einem weiteren Schritt, mit den Augen eines Anderen sehen zu lernen, Denkebenen wechseln zu können und zu erkennen, wie wir denken.
Dialog ist also nichts für Angsthasen, die sich verstecken möchten, und auch nicht für Machtstrategen, die ihr „Wissen" als Machtdemonstration vorführen. Dialog steht für kreatives Denken in sozialen Prozessen.

Dialogische Prozesse in komplexen Systemen

Brian Goodwin wurde 1931 in Kanada geboren, studierte Mathematik in Oxford und promovierte in Biologie in Edinburgh. Nach seinen Forschungsarbeiten am Massachusetts Institute of Technology (MIT) lehrte er Biologie an der University of Sussex. Anschließend wurde er Professor an der Open University. Seit 1997 arbeitete er am Schumacher College und entwickelte zusammen mit der Plymouth University den ersten Masterstudiengang in „holistic science". Unter anderem veröffentlichte er das Buch „Wie der Leopard seine Flecken verlor". 2009 verstarb er infolge eines Fahrradunfalls.

Goodwin weist auf die eigenartigen Qualitäten ganzheitlicher Prozesse hin, die wir nicht zergliedern können, ohne auch die Erkenntnisqualität zu zerstören. Für Goodwin bedeutet Dialog die Überwindung der Subjekt/Objekt-Spaltung. Konsequent kann daher der Dialogprozess nur im Sinn der Aktionsforschung verstehend begleitet werden.
Letztlich wissen wir im Dialog-Prozess – wie im Leben überhaupt – nie, wohin er uns führt. Grundsätzliche Gelassenheit und Erwartungsoffenheit erleichtern den Prozess – Bewertungsbesessenheit macht blind.
Schon Goethe ließ seinen Faust sagen: „Wer will was Lebendiges erkennen und beschreiben, sucht erst den Geist herauszutreiben, dann hat er die Teile in der Hand, fehlt, leider, nur das geistige Band." Im Gespräch mit Brian Goodwin wird eine neue Sicht auf das, was wir gemeinhin als „Chaos" bezeichnen, möglich und was auch im Dialog-Prozess erlebt werden kann. Wir vergessen in der Regel, dass „Chaos" Grundlage von Schöpfungs- und Innovationsprozessen sein kann – die uns etwa in Form kritischer Lebensereignisse oder tief gehender Erfahrungen überraschen. Das weiß schon die Bibel in der Schöpfungsgeschichte: Im Anfang war die Erde „wüst und leer" – hebräisch „Tohuwabohu" (Moses 1:1-2). Tohu bedeutet Wüstheit, bohu heißt leer. Man kann dies aber auch verstehen im Sinne von Tohu als „geistliche Leere", im Sinne von Führungslosigkeit, und bohu als „geistige Leere", im Sinne von Mangel an denkenden Wesen.

Auch in der chinesischen Kultur wird die Möglichkeit oder Chance inmitten der Krise betont. Die Übersetzung des nebenstehenden chinesischen Zeichens ist Krise. Das chinesische Wort für „Krise" setzt sich aus zwei Zeichen zusammen: aus dem Zeichen „Gefahr" (links) und dem Zeichen „Chance" (rechts). Das mittlere Zeichen bedeutet „Zentrum". Die alte Form von „Gefahr" (hier nicht abgebildet) zeigt eine Person am Rande des Abgrunds. Die (ebenfalls nicht abgebildete) alte Form des Zeichens für „Chance" zeigt zwei Kokons, das Zeichen für transformative Veränderung.

Chinesisches Zeichen für Chaos

„Am Rande des Chaos sind wir am kreativsten"

Ein Gespräch mit Brian Goodwin

Brian Goodwin, Sie leiten den Masterstudiengang in „holistic science". Was genau ist die Grundlage ihres Wissenschaftsverständnisses?

Brian Goodwin: Descartes meinte: Teile alle Probleme in so viele Teile wie möglich. Wir dagegen sagen, die Wirklichkeit ist unteilbar und auf vielfältigste Weise miteinander verbunden. Das, was wir Teile nennen, sind unsere Abstraktionen. Die Wissenschaft komplexer Prozesse in allen Bereichen des Lebens geht davon aus, dass wir im Grunde nie die Gesundheit von Organismen, die Stabilität von Ökosystemen oder das Wohlergehen von Organisationen und Gemeinschaften im Griff haben können. Letztlich hängen sie von subtilen Prinzipien ab, in denen die Ursachen nicht linear, sondern eher zyklisch wirken: Ursache und Wirkung hängen so eng zusammen, dass sie sich der einfachen Manipulation entziehen.

Diese Systeme sind Ursache und Wirkung ihrer eigenen Funktion, die eine wachsende Anzahl von Rückkopplungsschleifen und Abhängigkeiten produzieren. Und es entsteht eine wachsende gegenseitige Abhängigkeit zwischen dem menschlichen Handeln und dem Kontext, in dem sich dieses Beziehungsverhältnis abspielt. So dass manchmal Menschen zu dem Schluss kommen, „egal was ich mache, es ist falsch". Und weil die Fruchtlosigkeit direkter Intervention in komplexen Systemen, oder in Veränderungsprozessen heute immer offensichtlicher wird, nehmen manche Menschen eine laissez-faire-Haltung in dieser komplexen unkontrollierbaren Welt ein und lassen die „Macher" machen.

Gibt es denn eine realistische Alternative, mit komplexen Problemstellungen kreativer umzugehen?
Goodwin: Aus unserer Sicht ja. Wir haben die Erkenntnisse, die aus den Forschungen komplexer Systeme resultieren, ausgewertet und zusammengebracht mit einer Wissenschaft, die Qualitäten ganzheitlich betrachtet. Wenn Sie zum Beispiel die Bauprinzipien einer hoch entwickelten Termitenkolonie mit ihrer komplexen Klimaregulierung betrachten, könnten sie sich fragen, wo die Intelligenz dieser außerordentlichen Architektur steckt? Ist sie ein Ergebnis der Summe der einzelnen Aktivitäten der Termiten oder eine Eigenschaft der Kolonie als Ganzes? Die erste Annahme ist die Antwort des Reduktionismus. Biologen mit einer reduktionistischen Weltsicht versuchen komplexes Verhalten in einfachere Elemente oder Faktoren zu zerlegen und landen in der Regel bei den Genen, die dann in ihrer Funktion überschätzt werden. Der zweite Ansatz begreift das System als Superorganismus, der einen Funktionszusammenhang darstellt, der über die Eigenschaften des einzelnen Wesens hinausgeht, nicht von ihm abgeleitet werden kann und eine neue Qualität darstellt, die nicht vorhersagbar ist. Letztlich führt das zu einer neuen Sicht der Biologie, die auch

„Diese Systeme sind Ursache und Wirkung ihrer eigenen Funktion."

den Evolutionsprozess besser verstehen hilft als das Selektionsmodell eines banalen Darwinismus nach dem Motto des „survival of the fittest". Die Idee, dass es nicht-vorhersehbare Eigenschaften in natürlichen Prozessen gibt, ist nicht erst in der Biologie entstanden. Die Physiker verstehen das sehr gut. Wenn Sie zum Beispiel die Eigenschaften von Wasserstoff und Sauerstoff nehmen, so hat es noch nie jemanden gegeben, der aus den Elementen das Ergebnis „Wasser" ableiten konnte. Es sind Gase. Wasser ist eine völlig neue Qualität. Auch das Fließverhalten mit der komplexen Strudelbildung des Wassers können Sie nicht aus den Atomen ableiten. Wenn wir aus dieser Erkenntnishaltung mit komplexen Problemen umgehen, erwarten wir keine linearen Ursache-Wirkungs-Ketten mehr. Wir werden bescheidener und verantwortlicher.

Welche Rolle spielt die Messbarkeit von Phänomenen in der Wissenschaft?
Goodwin: Nach Galilei wurden die Eigenschaften der natürlichen Welt verstärkt der Messbarkeit unterzogen und die Eigenschaften in mathematischen Begriffen dargestellt. Nur, wie wollen Sie die Gestalt einer Blume, den Geschmack und den Duft einer Frucht, ihre persönliche Erfahrung mit einer Farbe, ihr Empfinden und ihr Gefühl für die Schönheit der Landschaft quantifizieren? Da es sich um Qualitäten handelt, stehen diese Erscheinungen außerhalb des legitimen Bereichs der konventionellen Wissenschaft. Obwohl sie für uns das, was wir Lebensqualität nennen, ausmachen.

Im Dialog erkennen wir oft, wie unvorhersehbar neue Gedanken entstehen, sich neue Zusammenhänge erschließen und neue Sichtweisen möglich werden.
Goodwin: Die sonderbaren Erscheinungen der Quantenphysik zeigen, wie die normalen Ursache-Wirkungsbezüge versagen. Es gibt eine subtile Ganzheit, eine Koordination auf einer tieferen Ebene. Dieses Muster stellt ein unsichtbares Netzwerk dar, wo auch der Beobachter eine Rolle spielt. Ein weiteres Beispiel ist das Wetter. Trotz verbesserter Modelle werden wir aus prinzipiellen mathematischen Gründen keine vollständig zuverlässige Langzeitprognose erstellen können. Es handelt sich um ein deterministi-

sches Chaos. Dieses deterministische Chaos zeigt sich sowohl in der Physiologie des Körpers, in den Gehirnaktivitäten, im Evolutionsprozess oder in der Wirtschaft. Erst heute verstehen wir, warum dies eine notwendige Eigenschaft von Organisationen ist. Die Natur ist voller Überraschungen. Die Wissenschaft der Komplexität geht über die Beobachtung, über mathematische Modelle und Computersimulationen hinaus. Die konventionelle westliche Wissenschaft ist an einem dramatischen Wendepunkt gelangt. Wir haben zwar im konventionellen Bereich eine Reihe von wirkungsvollen Erfindungen aus einfachen sogenannten „Naturgesetzen" gemacht. Wir sehen aber, dass sich möglicherweise sogar der überwiegende Teil der heutigen Fragestellungen im Bereich des „deterministischen Chaos" und der sogenannten „emergenten Eigenschaften" befinden. Nicht nur das Wetter, auch Ökosysteme, die Wirtschaft, Gesundheit, Organisationen und Lernprozesse sind deshalb prinzipiell weitgehend außerhalb unserer Kontrolle und nur in sehr begrenztem Umfang prognostizierbar. Alle Versuche zur gewaltsamen Manipulation dieser Prozesse, um sie für menschliche Zwecke umzugestalten, enden letztendlich heute in Umweltverschmutzung, Bodenerosion, Zusammenbruch von Organisationen und Staaten, wirtschaftlicher Instabilität, Verständigungsproblemen, Terrorismus und Unsicherheit. Wir haben die Grenze der Wissenschaft im Sinne von Quantifizierbarkeit, Vorhersage und Kontrolle überschritten.

Wie gehen Sie mit den Unsicherheiten, die ein Chaos hervorruft, kreativ um?
Goodwin: Der Komplexitätsforscher Stuart Kaufmann fand heraus, dass lebende Systeme und Organisationen am effektivsten und zukunftsfähigsten „at the edge of chaos" (am Rande des Chaos) arbeiten. In diesem Zustand werden die produktivsten und sinnvollsten Informationen ausgetauscht. Das trifft auf Büros, Familien, Dialogprozesse, Volkswirtschaften zu. Nur: es ist gemeint, am Rande des Chaos – nicht im Chaos selbst.

Wie kommen wir zu einer Wissenschaft von Qualitäten?
Goodwin: Aus meiner Sicht ist Goethe in seiner wissenschaftli-

chen Betrachtung der Natur häufig unterschätzt worden. Seine dynamische Betrachtungsweise beispielsweise: bei der Beschreibung der Gestalt von Pflanzen und ihrer Metamorphose zeigte er das Bild einer kontinuierlichen Transformation von Qualitäten wie Samen, Keim, Stängel, Blüte. Darin zeigt sich für ihn eine kohärente Entfaltung einer inneren dynamischen Ordnung (Notwendigkeit und Wahrheit), die mit unserer Wahrnehmung von unterschiedlichen Eigenschaften korrespondiert.

Wie können wir unsere Wahrnehmung für qualitative Prozesse weiter entwickeln?
Goodwin: Es ist von großer Bedeutung, dass wir nicht nur den analytischen Intellekt für das Verständnis qualifizierbarer Aspekte schulen, sondern Forschungsweisen entwickeln, die auch das Gefühl für die Bildqualitäten einbeziehen. Das bedeutet, dass wir nicht mit der abstrakten toten Materie beginnen, sondern mit dem Verständnis lebendiger Prozesse. Die Bedeutung einer partizipativen Weltsicht jenseits vom illusionären Kontroll-Paradigma steigt immens. In allen Bereichen von Planung und Gestaltung von natürlichen oder komplexen sozialen Prozessen wird deutlich, wie wichtig die Aktionsforschung ist und wie illusionär die Rolle des so genannten unbeteiligten, neutralen, allwissenden Beobachters ist.

Was ist schon gut oder schlecht? Warum sind wir vom Urteilen so besessen?

In einem chinesischen Dorf lebte ein alter Mann, der ein wunderschönes weißes Pferd besaß. Darum beneideten ihn selbst die Fürsten. Der Greis lebte in ärmlichen Verhältnissen, doch sein Pferd verkaufte er nicht, weil er es als seinen Freund betrachtete.

Als das Pferd eines Morgens verschwunden war, erzählte man sich im ganzen Dorf: „Schon immer haben wir gewusst, dass dieses Pferd eines Tages gestohlen würde. Welch ein Unglück für den alten Mann!" „Ach, das weiß man nicht," erwiderte der alte Mann. „Das Pferd ist nicht mehr in seinem Stall, aber wer weiß, was jetzt daraus wird. Das wird sich zeigen."

Nach zwei Wochen kehrte der Schimmel, der in die Wildnis ausgebrochen war, mit einer Schar wilder Pferde zurück. „Du hast recht gehabt, alter Mann", sprach das ganze Dorf, „es war ein Segen, kein Unglück!" Darauf erwiderte der Greis: „Wer weiß. Jetzt ist das Pferd erstmal wieder da."

Der alte Mann hatte einen Sohn, der nun mit diesen Pferden zu arbeiten begann. Doch bereits nach einigen Tagen stürzte er von einem Pferd und brach sich beide Beine. Im Dorf sprach man nun: „Alter Mann, du hattest recht, es war doch ein Unglück, denn dein einziger Sohn, der dich im Alter versorgen könnte, kann nun seine Beine nicht mehr gebrauchen. „Darauf antwortete der Mann: „Ja, mein Sohn hat seine Beine gebrochen. Wer aber weiß, was danach folgt. Mal schauen, was passiert."

Bald darauf brach ein Krieg im Lande aus. Alle jungen Männer wurden in die Armee eingezogen. Einzig der Sohn des alten Mannes blieb daheim, weil er ein Leiden hatte. Die Bewohner des Dorfes meinten: „Der Unfall war wirklich ein Segen, du hattest recht." Darauf entgegnete der alte Mann: „Warum seid ihr vom Urteilen so besessen? Eure Söhne wurden ins Heer eingezogen, mein Sohn jedoch nicht. Wer weiß, was weiter daraus wird?"

Letztlich wissen wir im Dialogprozess nie, wohin er uns führt. Grundsätzliche Gelassenheit und Erwartungsoffenheit erleichtern den Prozess – Bewertungsbesessenheit macht blind.

6. Pädagogische Haltegriffe in der Landschaft des Lernens

In den letzten Jahren wurde im Kreis der Dialogpraktiker viel gesprochen und geschrieben über Kompetenzen und Regeln, die für den Dialog wichtig sind, ja, die unbedingt gebraucht werden.

Moses mit den Gesetzestafeln (Gemälde von José de Ribera, 1638)

Die im Kern fruchtbare Suche nach Dialog-Fähigkeiten und nach beschreibenden Begriffen dafür wurde manchmal überdeckt von der nicht mehr so produktiven Suche nach dem „richtigen" Weg, als würde es uns helfen, wenn wir durch die Überreichung der „Zehn Gebote des Dialogs" den richtigen und besten Pfad besser finden könnten.

Die Kernfähigkeiten, die wir in unseren früheren Veröffentlichungen als Qualitäten im Dialog vorgestellt haben, finden mittlerweile weite Verbreitung und sind in andere Konzepte, Projekte und Arbeitspapiere eingeflossen. Sie sind, so möchten wir nach vielen Jahren der praktischen Arbeit betonen, aber eben gerade keine in Steintafeln gemeißelten Gebote wie die von Moses auf dem Berg Sinai. Es sind Qualitäten, die sich für den Dialog als nützlich erwiesen haben. Sie können aber sowohl konzentriert werden auf eine grundsätzlich achtsame, lernende Haltung – auf die vier zentralen Kernfähigkeiten, die auch William Isaacs beschrieben hat als *listening, respecting, suspending* and *voicing*; aber sie können auch erweitert werden um ergänzende Aspekte wie: Empathie, Verbundenheit und andere mögliche Qualitäten.

Dialog als ein Weg zur Freiheit des Denkens

Dialog verstehen wir als einen Weg zur Freiheit des Denkens, zu Befreiung aus Denkschablonen, denen wir verhaftet sind. Jede und jeder hat einen eigenen Zugang zum Dialog. Jemand hat vielleicht nicht den Mut, sich zu öffnen, oder sich einzulassen. Dann könnte die Entwicklung dieser Fähigkeit vielleicht für ihn eine besondere Bedeutung haben. Jemand anderes hat vielleicht Mut, alles auszusprechen, findet aber aufgrund mangelnder Empathie nicht den Weg, sich verständlich zu machen und so zu sprechen, dass es die Erkenntnisfähigkeit anderer befruchtet.

Vielleicht können wir diese Kompetenzen eher als nützliches Geländer, als Gehhilfe oder Rollator auf dem Weg zu einem lebendigen inspirieren Dialog begreifen.

Vielleicht gilt auch hier eher: *Der Weg ist das Ziel.*

Wir sind dankbar für die Arbeit von Werner Ratering, Künstler und Bildhauer, der zu den 1998 in dem Buch *Miteinander denken* beschriebenen dialogischen Kernfähigkeiten Bilder gestaltet hat, die dazu einladen, den eigenen Assoziationen nachzusinnen und sich durch Wort und Bild neue Perspektiven zu erschließen. Die Arbeit damit hat sich als sehr fruchtbar erwiesen. Wir wollen im Folgenden diesen Kernbegriffen folgen.

Werner Ratering hat die ursprünglich zehn Begriffe und Bilder um drei weitere ergänzt und darüber hinaus eine Karte gestaltet, deren Mitte leer und weiß bleibt. Seine Anregung heißt: Was ist denn für mich, jetzt, unter diesen Bedingungen, genau hier, eine wichtige Qualität, an der ich arbeiten möchte, die ich in den Blick nehmen möchte, die mir gut täte oder die ich vermisse? Habe ich beispielsweise genug Energie, um für die Fragen, die mir unter den Nägeln brennen, auch einzustehen, um sie auszusprechen? Würde es mir helfen, Energie auf diese noch leere Karte zu schreiben?

Die Karten zu *Empathie*, *Verbundenheit* und *Verantwortung* waren auf diese Weise entstanden, durch die konkrete Beschäftigung von Dialoggruppen mit ihren spezifischen Themen.

Aus ganz verschiedenen Gründen sind Menschen fasziniert vom Dialog oder ärgern sich auch über ihre eigene Dialogunfähigkeit.

Im Dialog haben wir die Möglichkeit, uns in der Begegnung mit Anderen Bewusstheit zu verschaffen über unsere Muster, mentale Blockaden und innere Stimmen. Was alleine zwar auch möglich – aber ungleich schwieriger ist.

Entscheidend ist die freie eigene Entscheidung, sich diesem Dialogprozess zu öffnen, daran in einer Weise teilzunehmen, die für mich und andere fruchtbar ist. Welche Worte und Welten es dann noch zu entdecken gibt – wer weiß? Jürgen Habermas lädt dazu ein, diesen Dialog als einen Blick auf zukünftige Möglichkeiten zu verstehen, als etwas, das noch nicht festgeschrieben, noch nicht vollständig, ja noch gar nicht ganz erfassbar ist, als „die Möglichkeiten von morgen ... die wir noch gar nicht wahrgenommen haben."

Sie können aber durch uns und unsere Dialog-Experimente in die Welt kommen. Wie sonst?

Letztlich geht es um eine andere Gesprächshaltung und Atmosphäre, die der indische Philosoph und Gesprächspartner Bohms, Jiddu Krishnamurti, so formuliert hat: „Es gibt keine Methode, es gibt nur Achtsamkeit".

Im Wesentlichen ist es die innere Einstellung, die meine Wahrnehmung, meine Interpretationen, mein Handeln bestimmt. Wenn ich „Achtsamkeit" verinnerlicht habe, werden methodische Handwerkskofferchen zumindest zweitrangig. Und wann immer wir methodisch arbeiten, so sagen die Methoden etwas über uns aus – wie Paulo Freire es ausdrückt: „Die Methode ist ... die äußere Form des Bewusstseins, das sich in Handlungen ausdrückt."[23]

Es hilft, wenn die Basis des Dialogs Freude am gemeinsamen Prozess ist; am Erkunden und Erforschen und daran, sich miteinander auf die Suche nach einem unbekannten Ziel zu machen.

*Dem Gras
beim Wachsen
zuhören
ein klein wenig
an den Wurzeln
der Worte ziehen
und das
Althergedachte
mal wieder so lange
auf den Kopf stellen
bis die Lebensfreude
knisternbunt
auf ihre eigenen
zwei Beine purzelt.*

Isabella Schneider

---

23 Persönliches Gespräch mit Paolo Freire, siehe auch *Miteinander Denken*, S. 143–149.

Dialogische Intelligenz

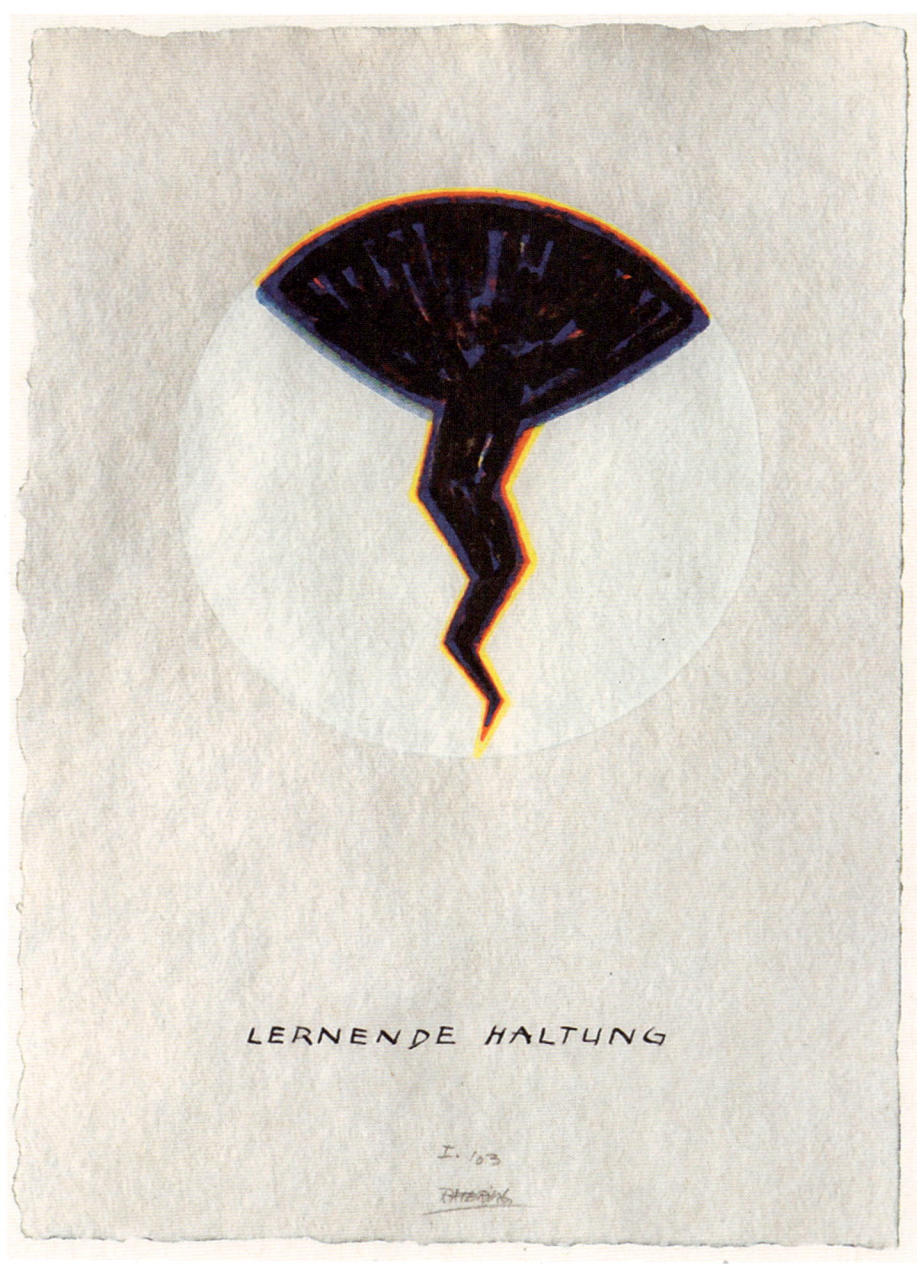

6. Pädagogische Haltegriffe in der Landschaft des Lernens

„Der Lernende muss in jedem Augenblick
sich zum völlig leeren Gefäß machen können,
in das die fremde Welt einfließt."

Rudolf Steiner

Lernende Haltung

Grundlegend für den Dialog ist eine innere Haltung von Interesse und Neugier am Anderen, eine *lernende Haltung*, die von dem Bewusstsein des eigenen Nicht-Wissens getragen wird. Ich kann letztlich nie wissen, wie die Welt aus anderer Perspektive, aus dem Blickwinkel meines Gegenübers aussieht und aufgrund welcher Erfahrungen und Erwartungen, Annahmen und Bedürfnisse die oder der andere die Welt interpretiert. Wenn ich meinem Gegenüber als nicht-„besser"-wissend, sondern als lernbereit entgegentrete, habe ich eine Chance, mein Verständnis zu vertiefen und meine Perspektive zu erweitern.

> Erinnern Sie sich an ein Ereignis in Ihrem Leben, auf das Sie mit der Haltung größter Offenheit und Nichtwissens zugegangen sind, etwa wie Sie sich bei ihrem ersten Schulbesuch, bei Ihrem ersten Rendezvous gefühlt haben? Oder daran, mit welcher Neugier, welchem wachen Interesse, welcher Begeisterung Ihnen Ihre Kinder Löcher in den Bauch frag(t)en? Oder sehen Sie einem krabbelnden oder spielenden Baby zu – es macht ständig Entdeckungen einer grundlegenden Art, von denen Einstein nur träumen konnte...
> Nehmen Sie sich etwas Zeit. Versuchen Sie, Ihren Alltag mit dem Blick eines anderen Menschen neu anzuschauen. Wählen Sie eine Tätigkeit aus, die Sie schon häufig verrichtet haben, und versuchen Sie, so daranzugehen, als täten Sie es zum ersten Mal. Sei es der Gang zum Briefkasten, das Öffnen Ihrer Post, das Ausfegen der Küche...

Dialogische Intelligenz

6. Pädagogische Haltegriffe in der Landschaft des Lernens

> *„[Der Dialog kann] sich nicht ereignen zwischen solchen, die die Welt benennen wollen, und solchen, die eine solche Benennung nicht wünschen – zwischen solchen, die anderen Menschen das Recht, ihr Wort zu sagen, verwehren, und solchen, deren Recht zu reden ihnen verwehrt worden ist ... Dort, wo man sich begegnet, gibt es weder totale Ignoranten noch vollkommene Weise – es gibt nur Menschen, die miteinander den Versuch unternehmen, zu dem, was sie schon wissen, hinzuzulernen."*
>
> Paulo Freire

Radikaler Respekt[24]

Radikaler Respekt bedeutet für uns, die andere Person in ihrer Andersartigkeit als legitim und gleichwertig anzuerkennen, ihre Sicht der Welt als ebenso sinnvoll und berechtigt zu verstehen wie die eigene. Die respektvolle Haltung dem anderen gegenüber bleibt nicht oberflächlich, sondern benötigt „Radikalität", das heißt sie geht „an die Wurzel" – in dem Sinn, dass wir uns um ein tieferes Verständnis des anderen bemühen. Was besonders dann nicht einfach ist, wenn wir in uns Ablehnung und Misstrauen verspüren.

Tiefer Respekt vor Menschen verhindert zugleich nicht, dem Machtmissbrauch von Institutionen klar gegenüber zu treten.

> Stellen Sie sich einen Menschen vor, den Sie überhaupt nicht leiden können. Überlegen Sie, was Sie am meisten stört. Wie würden Sie empfinden, wenn Sie eine ähnliche Lebensgeschichte wie dieser Mensch gelebt hätten? Versuchen Sie danach, noch einmal neu hinzuschauen!

---

24 Die ersten vier der folgenden Kernfähigkeiten – radikaler Respekt, von Herzen sprechen, generatives Zuhören, Annahmen und Bewertungen suspendieren – hat auch William Isaacs in seinem Buch *Dialogue and The Art of Thinking Together* als grundlegende Kompetenzen beschrieben (respecting, voicing, listening, suspending).

Dialogische Intelligenz

> *„Ihr werdet's nicht zum Herzen schaffen,*
> *wenn's euch nicht von Herzen geht."*
>
> Goethe, Faust I

Von Herzen sprechen

„Von Herzen" zu sprechen bedeutet, dass ich im Dialog von dem rede, was mir wirklich wichtig ist, was mich wesentlich angeht. Ich vermeide beispielsweise komplizierte Formulierungen, viele Fremdworte und Fachbegriffe, mit denen ich gemeinhin brillieren möchte.

Und es bedeutet zu berücksichtigen, dass „die eigene Wirkung als Sprecher des ... zu Sprechenden"[25] nicht stärker wiegt als das, was ich zu sagen habe. Darin liegt der entscheidende Unterschied: Das Sprechen um des Sprechens und Erscheinens willen, um meinem Ego zu schmeicheln, kann zerstörend wirken: „fehlbehaftet tritt es [das so Gesagte] ins Gespräch, und das Gespräch wird fehlbehaftet", sagt Buber. Oder: Dann sprechen, wenn es etwas zu sagen gibt, und das sagen, was zu sagen ist. Dabei bedeutet für Buber „Rückhaltlosigkeit" „das genaue Gegenteil des Drauflosredens". Sie zeigt sich vielmehr in der Bereitschaft, sich einzulassen auf das Andere im Anderen, auf das Fremde, das Unbekannte, Geheimnisvolle und Unverständliche. Es geht darum, ohne Maske zu sprechen. Aus der indianischen Kultur stammt der wunderbare Spruch: „Sprich von Herzen und fasse dich kurz".

> Erinnern Sie sich an eine Gesprächssituation, die Sie für verfahren hielten. Versuchen Sie bei einer erneuten Begegnung, ganz bei sich – bei Ihren Gefühlen – zu bleiben und jede Spur von Schuldzuweisung zu vermeiden. Sehen Sie, was passiert!

---

25 Buber 1994, S. 294

Dialogische Intelligenz

> *„Es kommt vor, dass ein Gedanke, der bisweilen innerlich schon formuliert wurde, bisweilen auch nicht, die Seele insgeheim bedrängt und dass sein Einfluss auf sie dennoch schwach bleibt. Hört man diesen Gedanken nun außerhalb seiner selbst von einem anderen formuliert, und zwar von jemand, dessen Worten man seine Aufmerksamkeit schenkt, so wird die Kraft des Gedankens hierdurch verhundertfacht, und es kann geschehen, dass er eine innere Umwandlung bewirkt."*
>
> Simone Weil

Generatives Zuhören

So oft bemerken *die anderen* nicht, dass sie nicht richtig zuhören und dass sie bei bestimmten Fragestellungen ganz einfach „blockiert" sind. So oft bemerken *die anderen* nicht die Widersprüche, in die sie sich verwickeln, und weichen an bestimmten Stellen einer Antwort einfach aus. Bei *den anderen* ist das sehr klar zu erkennen. Doch die eigenen Blockierungen, Widersprüche und Ausweichmanöver selbst als solche zu erkennen, das ist viel schwieriger. Bestimmten Fragen möchte ich lieber ausweichen, sie erwecken unangenehme Gefühle, andere dagegen wecken Energie und freudige Erwartung, da werde ich richtig lebendig und möchte mich engagiert einbringen. Kann ich diese eigenen Reaktionen wahrnehmen und mir bewusst machen, so dass sie mein Zuhören nicht blockieren und erschweren? Oder lege ich mir eine Antwort schon zurecht, während der andere spricht, und höre bestenfalls das, was ich hören will, um es in meine Entgegnung einzubauen?

Konzentriertes und offenes Zuhören in einer Gruppe kann dazu führen, etwas zuvor Unsichtbares sichtbar zu machen, etwas Neues entstehen zu lassen, zu generieren, – in uns selbst und in der Gruppe: wir bezeichnen dies im Dialogprozess als „generatives Zuhören".

> Hören Sie jemandem wirklich zu. Kommentieren Sie das Gehörte nicht. Spüren Sie, von wo Sie zuhören, was innerlich in Ihnen geschieht, ob Sie während des Hörens Ihre ungeteilte Aufmerksamkeit auf Ihr Gegenüber richten können.

Momos Zuhören

Michael Ende hat die verändernde Kraft des Zuhörens in seiner Figur Momo brillant herausgearbeitet:

„So kam es, dass Momo sehr viel Besuch hatte. Man sah fast immer jemand bei ihr sitzen, der angelegentlich mit ihr redete. Und wer sie brauchte und nicht kommen konnte, der schickte nach ihr, um sie zu holen. Und wer noch nicht gemerkt hatte, dass er sie brauchte, zu dem sagten die anderen: ‚Geh doch zu Momo'.

Dieser Satz wurde nach und nach zu einer feststehenden Redensart bei den Leuten der näheren Umgebung. So, wie man sagt: ‚Alles Gute' oder ‚Gesegnete Mahlzeit' oder ‚Weiß der liebe Himmel', genauso sagte man also bei allen möglichen Gelegenheiten: ‚Geh doch zu Momo!'

Aber warum? War Momo so unglaublich klug, dass sie jedem Menschen einen guten Rat geben konnte? Fand sie immer die richtigen Worte, wenn jemand Trost brauchte? Konnte sie weise und gerechte Urteile fällen?

Nein, das alles konnte Momo ebenso wenig wie jedes andere Kind. Konnte Momo dann vielleicht irgendetwas, dass die Leute in gute Laune versetzte? Konnte sie zum Beispiel besonders gut singen? Oder konnte sie irgendein Instrument spielen? Oder konnte sie – weil sie doch in einer Art Zirkus wohnte – am Ende gar tanzen oder akrobatische Kunststücke vorführen?

Nein, das war es auch nicht.

Konnte sie vielleicht zaubern? Wusste sie irgendeinen geheimnisvollen Spruch, mit dem man alle Sorgen und Nöte vertreiben konnte? Konnte sie aus der Hand lesen oder sonst die Zukunft voraussagen?

Nichts von alledem.

Was die kleine Momo konnte wie kein anderer, das war: zuhören. Das ist nichts Besonderes, wird nun vielleicht mancher Leser sagen, zuhören kann doch jeder.

Aber das ist ein Irrtum. Wirklich zuhören können nur ganz wenige Menschen. Und so wie Momo sich aufs Zuhören verstand, war es ganz und gar einmalig. Momo konnte so zuhören, dass dummen Leuten plötzlich sehr gescheite Gedanken kamen. Nicht etwa, weil sie etwas sagte oder fragte, was den anderen auf solche Gedanken brachte, nein, sie saß nur da und hörte einfach zu, mit aller Aufmerksamkeit und Anteilnahme. Dabei schaute sie den anderen mit ihren großen, dunklen Augen an, und der Betreffende fühlte, wie in ihm auf einmal Gedanken auftauchten von denen er nie geahnt hatte, dass sie in ihm steckten.

Sie konnte so zuhören, dass ratlose oder unentschlossene Leute auf einmal ganz genau wussten, was sie wollten. Oder dass Schüchterne sich plötzlich frei und mutig fühlten. Oder dass Unglückliche und Bedrückte zuversichtlich und froh wurden. Und wenn jemand meinte, sein Leben sei ganz verfehlt und bedeutungslos und er selbst nur irgendeiner unter Millionen, einer, auf den es überhaupt nicht ankommt und der ebenso schnell ersetzt werden kann, wie ein kaputter Topf - und er ging hin und erzählte alles das der kleinen Momo, dann wurde ihm, noch während er redete, auf geheimnisvolle Weise klar, dass er sich gründlich irrte, dass es ihn, genauso wie er war, unter allen Menschen nur ein einziges Mal gab und dass er deshalb auf seine besondere Weise für die Welt wichtig war.

So konnte Momo zuhören!"[26]

Im Dialog versuchen wir, über die verändernde Kraft des Zuhörens hinaus uns dabei zu beobachten, wie wir das Gehörte in Schubladen einordnen. Kann ich versuchen, mich dabei selbst zu betrachten? Und dann dem Unbekannten, Neuen gegenüber offen sein?

„Die Hasenschlinge benötigt man zum Fangen des Hasen.
Wenn du den Hasen gefangen hast, kannst du die Schlinge vergessen.
Worte kann man benutzen, um den Sinn zu erfassen.
Hast du ihren Sinn verstanden, kannst du die Worte vergessen.
Wo finde ich einen Menschen, der die Worte vergessen hat,
damit ich mit ihm reden kann?"

Chuang Tzu

---

26 Mit freundlicher Genehmigung des Verlags Thienemann aus Momo von Michael Ende.

Dialogische Intelligenz

„Die wahre Entdeckungsreise liegt nicht darin, neue Länder zu erkunden, sondern die Wirklichkeit mit neuen Augen zu sehen."

Marcel Proust

Annahmen und Bewertungen suspendieren

Ein wesentlicher Anspruch des Dialogs liegt darin, sich die eigenen Meinungen, Vorannahmen und Bewertungen – man spricht auch von „mentalen Modellen" – bewusst zu machen und davon innerlich einen Schritt zurückzutreten, sie zu suspendieren und „in der Schwebe zu halten", sie wie ein Bild in einem Spiegel zu betrachten. Oder sie, wie man den von David Bohm benutzten englischen Begriff *to suspend* auch verstehen kann, vorübergehend zu „entlassen". Es geht aber nicht darum, diese Vorannahmen und Bewertungen zu unterdrücken, sondern sie zum Gegenstand der weiteren Betrachtungen zu machen. Dies gilt auch für Gefühle. Etwa unseren eigenen Ärger zu suspendieren, in der Schwebe zu halten – diese Vorstellung zeigt, wie schwierig diese Form der Selbstwahrnehmung, die Beobachtung unseres eigenen Denkens und unserer Gefühle ist.[27] Bin ich noch ärgerlich, wenn ich rechtzeitig merke, wie ich es werde? Wir können uns vorstellen, dass wir unseren Ärger wie in einem Spiegel vor uns aufhängen und ihn betrachten.

Den Ärger so wahrzunehmen heißt nicht, seine Berechtigung in Frage zu stellen. Es bedeutet aber, ihn anzuschauen, um ihn und seine Entstehung besser kennenzulernen.

> Stellen Sie fest, in welchen Bereichen Sie eine besonders feste Meinung haben. Spüren Sie, was mit Ihnen passiert, wie Sie innerlich reagieren, wenn jemand diese Meinung in Frage stellt.

---

27 Bohm 2002, S. 140

Dialogische Intelligenz

> *„Im eigentlichen Sinne ist Philosophieren ein Liebkosen
> – eine Bezeugung der innigsten Liebe zum Nachdenken,
> der absoluten Lust an der Weisheit."*
>
> Novalis

Erkunden

Die dialogische Beziehung zwischen Sprechen und Hören basiert auf dem *Erkunden* der anderen Position durch aufrichtige, interessierte Fragen. Solche „unschuldigen" Fragen haben eine andere Qualität als Fragen, mit denen ich mich in Szene setzen oder die Führung im Gespräch übernehmen will.

Fragen werden laut Vereinbarung des Dialogs in die Mitte einer Gruppe gelegt, ohne jemanden damit zu bedrängen. Das eröffnet mehr Freiraum, um ihnen nachzuspüren, nachzusinnen, ja eventuell zunächst andere Antworten abzuwarten und die eigenen Impulse – Abwehr, Zustimmung, Irritation – bewusst wahrzunehmen, bevor ich spreche.

Kann ich mit meiner Erkundung des anderen Standpunktes einige Schritte auf diesen zu machen? Richte ich mich innerlich auf, wenn ich dem Gegenüber entgegentrete?

Üben Sie mit einer anderen Person, Fragen zu stellen, die diese nicht als bedrohlich oder „inquisitorisch" empfindet, sondern als ehrlich und hilfreich.

Dialogische Intelligenz

> *„Anschauungen ohne Begriffe sind leer,*
> *Begriffe ohne Anschauung sind blind."*
>
> Immanuel Kant

Produktiv plädieren

Wenn ich in dialogischer Haltung für meine Position plädieren möchte, dann ist es hilfreich, meinen Denk*prozess* zu erläutern, den Weg, auf dem etwa meine Haltung zu einem Problem entstand, und nicht nur ein Denk*produkt* zu präsentieren. Dabei lade ich die anderen ein, mit mir meinen Denkweg zu überprüfen und ihre Beobachtungen daneben zu stellen, so dass sich das gesamte Bild erweitern kann.

Interessanterweise muss ein Problem manchmal tatsächlich von verschiedenen Seiten betrachtet werden, bevor es ganz erfasst werden kann. So wie die Darstellung von Werner Ratering zeigt, dass erst durch die Ergänzung fehlender Aspekte, Teile und Argumente eine Komplementierung möglich ist.

> Spüren Sie, was passiert, wenn Sie künftig in einer verfahrenen Gesprächssituation jemanden nicht einfach nur mit Ihrer Meinung konfrontieren, sondern Ihre Denkwurzeln offen legen, damit der andere sehen kann, woher Ihre Meinungen stammen.

Eine unschuldige Frage: Parzivals Dilemma

In dem siebenhundert Jahre alten Klassiker „Parzival" von Wolfram von Eschenbach wird die Dynamik dargestellt, wie es immer wieder dazu kommt, dass echte Fragen so selten gestellt werden. Ob Parzival Gralkönig wird, hängt davon ab, dass er zur rechten Zeit eine einfache Frage stellt.

Parzivals Mentor Gurnemanz erzog den jungen Ritter in dem höfischen Geist, den viele Eltern über Jahrhunderte gepredigt haben: „Frag nicht so viel!" So beherzigte Parzival – wie viele von uns heute noch – den damals gültigen Verhaltenskodex und lernte seine Lektionen. Sein „höfliches" Benehmen verhinderte fast, dass er Gralkönig wurde. Nach vielen Abenteuern, die er als Ritter bestehen musste, fand Parzival schließlich den Weg zur Gralsburg, die von dem schwer kranken König Amfortas regiert wurde.

Als Parzival die Gralsburg betrat, schienen dort alle auf irgendetwas sehr Wichtiges zu warten. Der schwer verwundete, leidende König wurde auf einer Bahre hineingetragen, und Parzival wagte aus Höflichkeit nicht, ihn anzusprechen. Am folgenden Morgen erwachte Parzival und fand das Schloss verlassen vor, nur ein Wachposten war noch dort, der ihn verfluchte, weil er seine Chance vertan hatte. Parzival wurde in den folgenden Jahren ein angesehener Ritter, aber er blieb beständig auf der Suche nach seiner eigentlichen Erfüllung. Schließlich fand er noch einmal den Weg zur Gralsburg und wurde dort wieder mit freudiger Erwartung empfangen. Als er auf den Gralkönig Amfortas traf, den Parzival dieses Mal als seinen Onkel erkannte, ließ er sein Herz anstelle seiner guten Erziehung sprechen. Er beugte sich zu dem offenbar leidenden König herab und fragte ganz einfach: „Oheim, was fehlt Dir?" Diese echte, mitfühlende Frage heilte seinen Onkel und ermöglichte es Parzival, seiner Bestimmung gemäß König des Heiligen Gral zu werden.

Wenn ich im Dialog in der Lage bin, meine Rolle als Wissender aufzugeben für das Interesse an dem, was anders ist als ich es bereits kenne, kann ich „unschuldige" Fragen stellen, die aus einem tiefen Bedürfnis geboren sind, etwas wirklich zu verstehen.

6. Pädagogische Haltegriffe in der Landschaft des Lernens

Dialogische Intelligenz

> *„Ich suche nicht. – Ich finde. Suchen, das ist Ausgehen von alten Beständen und ein Finden-Wollen von bereits Bekanntem im Neuen. Finden, das ist das völlig Neue! Das Neue auch in der Bewegung. Alle Wege sind offen, und was gefunden wird, ist unbekannt. Es ist ein Wagnis – ein heiliges Abenteuer. Die Ungewissheit solcher Wagnisse können eigentlich jene auf sich nehmen, die sich im Ungeborgenen geborgen wissen – die in die Ungewissheit geführt werden – die sich im Dunkeln einem unsichtbaren Stern überlassen – die sich vom Ziele ziehen lassen und nicht, menschlich beschränkt und eingeengt, das Ziel bestimmen. Dieses Offensein für jede neue Erkenntnis im Außen und Innen: das ist das Wesenhafte des modernen Menschen, der in aller Angst des Loslassens doch die Gnade des Gehaltenseins im Offenwerden neuer Möglichkeiten erfährt."*
>
> Pablo Picasso

Offenheit

Das Dialogische gründet sich auf die Offenheit des Menschen für Überraschungen. Wir können unser Zuhören fruchtbarer werden lassen, wenn der Respekt gegenüber anderen auf *Offenheit* basiert, die wir neuen, anderen, vielleicht auch konträren Positionen entgegenbringen. Offenheit beinhaltet eine Bewegung gegenüber anderen und eine innere Haltung, die voraussetzt, dass ich bereit bin, mich einzubringen und dem anderen – in dem von mir gewünschten Maße – zu öffnen. Wenn zwei oder mehrere Personen bereit sind, sich voreinander von ihren eigenen Überzeugungen zu lösen, kann Öffnung entstehen.

> Suchen Sie ein Gespräch mit einer anderen Person, von der Sie annehmen, dass Sie konträre Positionen hat. Versuchen Sie, sich dieser Person zu öffnen, ohne sich selbst zu zwingen, Ihre eigene Meinung aufzugeben oder die fremde übernehmen zu müssen. Versuchen Sie zu bemerken, was sich durch Ihre offene Haltung verändert.

Dialogische Intelligenz

6. Pädagogische Haltegriffe in der Landschaft des Lernens

„Ein Wort gibt es, das ist ein Schlüssel zu jeder Schöpfung: Geduld: Sinne dem nach, und du wirst selbst Schöpfern genähert."

Christian Morgenstern

Verlangsamung

Unsere Meinung zu suspendieren, in der Schwebe zu halten – die innere Verlangsamung – dies gelingt eher in einem Prozess, der durch entsprechende Vereinbarungen und Rituale auch äußerlich verlangsamt wird: die Benutzung eines Redeobjektes für die Sprechenden und Klangschalen, die zur zusätzlichen Verlangsamung angeschlagen werden können. Solange ihr Ton hörbar ist, gilt die vereinbarte Redeunterbrechung. Derartige Rituale des Dialog-Verfahrens stellen die besten uns bekannten Mittel dar, um den Geist des „Miteinander-Denkens" lebendig zu erhalten, um das Eigentliche im Dialog – den gemeinsamen Denkprozess – zu unterstützen. Wir haben sie besonders dann als hilfreich erlebt, wenn sie als Angebot und Einladung eingebracht werden und die Gruppe sich entscheiden kann, ob und wie sie damit experimentieren möchte – als Erwartung oder Verpflichtung können sie leicht Widerstand und Ablehnung hervorrufen. Übrigens: David Bohm verzichtete in seinen Gruppendialogen auf jegliche Hilfsmittel!

Letztlich sind methodische Elemente nur Hilfestellungen, um den Geist des Dialogs lebendig werden zu lassen. Vielleicht können sie sich selbst überflüssig machen, wenn sich die Mitglieder der Gruppe miteinander vertraut gemacht haben, vielleicht bleiben sie dienstbare Elemente für den gesamten Prozess. Immer sind sie Möglichkeit, Angebot oder Vereinbarung, die es ebenso zu suspendieren gilt wie individuelle Annahmen und Glaubenssätze. Es bleibt eine Spannung zwischen künstlich und kunstvoll, zwischen Methode und Experiment, zwischen Ritual und Suche.

> Bitten Sie in einer hitzigen Gesprächssituation um eine Pause. Versuchen Sie durch eine Vereinbarung die Situation so zu verlangsamen, dass nur jeweils eine Person spricht.

Dialogische Intelligenz

„Objektivität ist die Wahnvorstellung,
Beobachtungen könnten ohne Beobachter gemacht werden.
Die Berufung auf Objektivität ist die Verweigerung der Verantwortung
– daher auch ihre Beliebtheit."

Heinz von Foerster

Die Beobachterin beobachten[28]

Wenn wir unsere Meinung beim Zuhören zurückstellen und zurückstellen können, wird uns die Beobachtung unserer eigenen Reaktionen möglich und nehmen wir unsere eigene Reaktivität war. Diese Art von Selbstwahrnehmung, die Beobachtung des eigenen Beobachtens, hebt uns innerlich sozusagen auf die Meta-Ebene, schult unsere meta-kognitive Kompetenz und ermöglicht dadurch – hoffentlich – Projektionen eigener Reaktionen auf andere zu bemerken, bevor sie ihr destruktives Potenzial entfalten.

Wenn ich die heraufziehenden Gewitterwolken noch vor dem ersten Donnergrollen am inneren Stimmungshimmel beispielsweise als mangelnde und doch so stark erhoffte Bestätigung erkenne, wenn diese Qualität der Selbstwahrnehmung geschult und verinnerlicht ist, hat die Entfaltung von dialogischer Intelligenz wesentlich höhere Chancen als in einer Atmosphäre von Projektion und Schuldzuweisung.

> Beobachten Sie bei sich selbst in einem Gespräch mit einer Person, die Sie als schwierig empfinden: Was passiert, wenn Impulse in Ihnen hochsteigen, schnell etwas erwidern zu müssen? Versuchen Sie sich selbst in der Situation gewissermaßen von einer anderen Position aus zu beobachten.

---

[28] Die weibliche Form ist hier mit Absicht gewählt.

> *„Veränderung geschieht, weil Gedanken, die betrachtet werden, sich anders verhalten als Gedanken, die unbetrachtet bleiben."*
>
> David Bohm

Die Arbeit mit diesen Kernbegriffen und -fähigkeiten ist ebenso ein Experimentierfeld wie andere Lernfelder, die Erfahrung benötigen. Sie können ja auch erst dann richtig kochen, wenn Sie plötzlich merken, dass Sie kein Rezept mehr brauchen. So spricht nichts dagegen, wenn Sie etwa Kernfähigkeiten des Dialogs zunächst trainieren. Betrachten Sie dies getrost als eine Art Sport, wobei Sie Ihr Augenmerk auf die kontinuierliche Leistungssteigerung richten. Nehmen Sie nichts Geringeres als olympiareife Leistungen in den Blick! Aber bedenken Sie bei allem Ehrgeiz: Die Hochleistungssportler üben ihren Sport zumeist schon von Kindesbeinen an aus. Also, lassen Sie es langsam angehen, denn Sie wollen doch keine Sport- respektive Dialoginvaliden werden. Oder?

Beziehung der dialogischen Kernfähigkeiten

Fassen wir wichtige bereits ausgeführte Elemente nochmals zusammen:

Wer sich *sprechend im Dialog* befindet, belehrt nicht, spricht nicht abstrakt und bleibt nicht unpersönlich. Wer sprechend im Dialog bleibt, hat Beziehung zu den eigenen Gefühlen, Anliegen, Erfahrungen. – Wir kennen bereits das Motto: „Sprich von Herzen und fasse dich kurz".

„Generatives Zuhören" kann Neues entstehen lassen – in uns selbst und in der Gruppe.

Die *Beziehung* zwischen Sprechen und Hören basiert auf dem *Erkunden* der anderen Position. Es ist ein *Plädieren*, das sich um *Produktivität* bemüht und den Denkprozess stärker betont, anstatt nur das Denkprodukt zu präsentieren.

In einem dialogischen Gespräch versuchen wir, unsere eigene Meinung „in der *Schwebe* zu halten", sie zu *„suspendieren"* und anderen Personen Respekt entgegenzubringen, für eine Weile ihre Perspektive einzunehmen.

Wenn wir mit einer neugierigen, interessierten, nicht be-lehrenden, sondern *lernenden* Haltung anderen gegenübertreten, wird dieser Respekt unser Sprechen beeinflussen.

6. Pädagogische Haltegriffe in der Landschaft des Lernens

Wir können unser Zuhören fruchtbarer werden lassen, wenn der Respekt gegenüber anderen auf *Offenheit* basiert, die wir neuen, jedenfalls anderen, vielleicht auch konträren Positionen entgegenbringen.

Das Suspendieren unserer Meinung gelingt am ehesten in einem Prozess, der durch entsprechende Vereinbarungen und Rituale bewusst *verlangsamt* wird.

Können wir unsere Meinung beim Zuhören zurückstellen und suspendieren, so ermöglichen wir uns die *Beobachtung* unserer eigenen Reaktionen. Und eine Veränderung wird bereits durch das Wahrnehmen und Bewusstmachen unserer Bewertungen möglich.

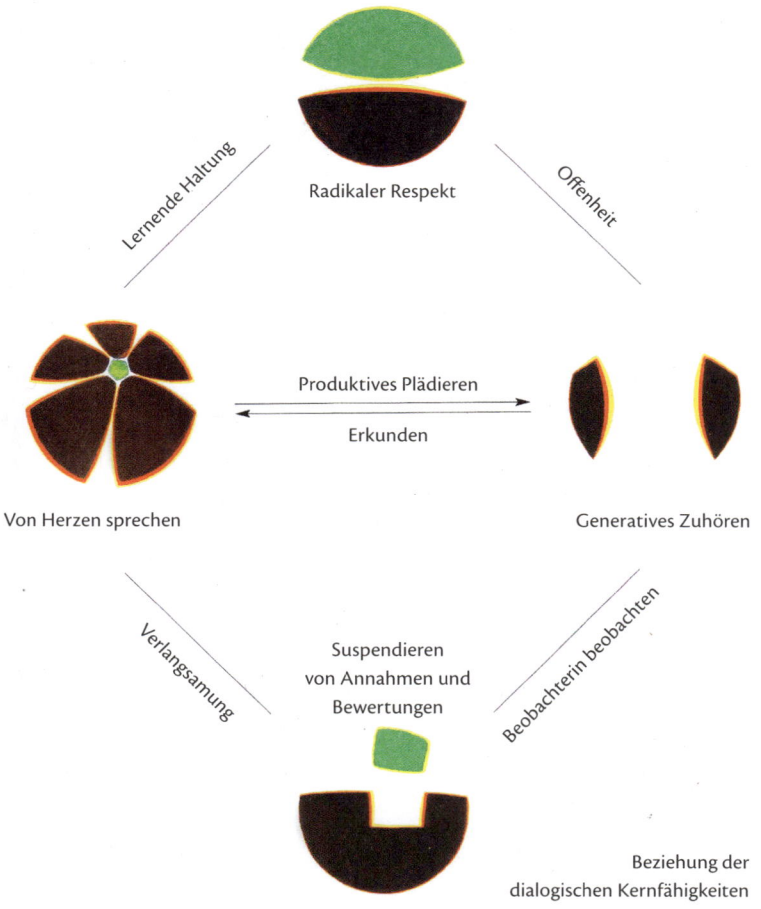

Dialogische Intelligenz

Die „Leiter der Schlussfolgerungen"

Das Bild der „Leiter der Schlussfolgerungen" kann uns helfen, in einer plastischen Art und Weise nachzuvollziehen, wie unser Denken zu Abstraktionssprüngen und Vorurteilen kommt. Ihre Brauchbarkeit liegt nicht darin, dass sie der äußeren Wirklichkeit exakt entspricht, sondern darin, verschiedene Denkformen zu zeigen und deren Entstehung in unserem Kopf zu erläutern.

Die imaginäre Leiter, die wir uns vorstellen, hat fünf Sprossen oder Stufen. Auf der ersten Stufe wählen wir beobachtbare Daten aus. Sie sind insofern „real", als sie unter unseren biologischen oder kulturellen Bedingungen für alle als unbestreitbar gelten. Diese Daten sind also eher Beobachtungen als Bewertungen: sie sind „Fakten", die von jedem wahrgenommen werden können, wie etwa ein „Foto" sie festhält, ein Tonband oder ein Videorecorder.

Stellen Sie sich zum Beispiel folgende Szene auf einem Foto vor, das in Großbritannien wohlbekannt ist:

Scotland Yard, Plakat ohne Text

Zwei Männer rennen in gleicher Richtung um eine Straßenecke. Der Mann links hat eine helle Hautfarbe; er trägt eine dunkle Uniform und hat einen Helm mit einem Abzeichen auf dem Kopf. Rechts, einige Schritte vor ihm, läuft ein Schwarzer in Zivil. Wer dieses Foto sieht, wird akzeptieren können, dass diese Fakten korrekt wiedergegeben sind.

Die nächste Stufe der Leiter der Schlussfolgerungen entspricht einer Interpretation. Auf dieser Ebene entwickeln wir eine Theorie oder Geschichte über das, was sich aufgrund dieser beobachtbaren Daten ereignet haben könnte. Auf dem Foto sehen wir offenbar, dass der Weiße ein Polizist ist und der Schwarze offenbar nicht. An diesem Punkt schließen wir leicht, dass die beiden Menschen auf verschiedenen Seiten stehen. Wir könnten also denken, dass der Polizist den schwarzen Mann verfolgt.

Auf der dritten Stufe fügen wir dem Bild aus unseren Erfahrungen etwas hinzu und versuchen zu interpretieren, mit welcher Situation wir konfrontiert sind. Auf dieser Stufe konstruieren wir eine Fragestellung über die Bedeutung der Szene aus den Beziehungen, die wir in das Bild hineingedacht haben. Hier entwickeln wir Meinungen auf der Basis der Annahmen, die wir auf der zweiten Stufe gemacht haben. Diese können für verschiedene Menschen, die das gleiche Foto betrachten, sehr unterschiedlich sein, je nach ihren Erfahrungen, der politischen Einstellung, sozialen Faktoren und anderen Hintergründen, entwickelt nach dem sehr subjektiven persönlichen mentalen Modell.

Angesichts des Fotos könnte jemand zu der Bewertung kommen: „Der Schwarze ist wahrscheinlich ein Krimineller. Ich hoffe, dass der Polizist ihn einfängt und einsperrt". Ein anderer könnte zu der Schlussfolgerung kommen; „Dies ist sicher wieder einmal ein Beispiel für die Brutalität der Polizei." Oder: „Der Schwarze wird typischerweise von einem weißen Polizisten verfolgt." Es sind nahezu unbegrenzt Beifügungen und Interpretationen möglich, wenn wir erst einmal diese Stufe der Leiter erreicht haben.

Auf der vierten Stufe ziehen wir Schlüsse aus unseren Bewertungen über die Art und Weise, wie das Problem, das wir in unserem Kopf entwickelt haben, zu lösen ist.

Wenn ein besorgter Bürger das Bild betrachtet, könnte er zu der Ansicht kommen, dass mehr Polizei auf den Straßen eingesetzt werde sollte, oder er schreibt einen Leserbrief, in dem er mehr Gefängnisse fordert und strengere Bestrafungen. Auf der anderen Seite könnte es Menschen geben, die sich vielleicht für weniger Brutalität bei der Polizei einsetzen wollen, eben abhängig von dem, was auf der ersten Stufe der Leiter bereits für Annahmen entwickelt worden sind.

Auf der obersten Stufe der Leiter handeln wir. Wir haben in unserem Kopf ein Bild entwickelt, das wir für eine plausible Wiedergabe der Realität halten und handeln entsprechend den Schlussfolgerungen, die wir entwickelt haben. Aus dieser Haltung schreiben wir einen Brief an die Zeitung, in dem wir mehr Polizei auf den Straßen fordern, oder wir organisieren einen Protestmarsch gegen Polizeibrutalität; wir verlegen unseren Wohnort aus der City in die Vorstädte; wir empfehlen unseren Kindern, nicht mehr mit den schwarzen Nachbarn zu spielen, oder unseren schwarzen Bekannten, die Weißen zu meiden.

Alles hat seinen Ursprung in einem einzigen Foto. Aber was wissen wir wirklich über die Szene, die abgebildet ist? Nur, dass ein weißer Mann, der in etwas gekleidet ist, das wie eine Uniform aussieht, sich in einigen Schritten Abstand hinter einem schwarzen Mann in Zivil befindet. Tatsächlich sind *beide* Männer Beamte der *London Metropol Police* (*Scotland Yard*), und beide zusammen verfolgen nach einer Straftat eine dritte Person, die sich außerhalb des Bildes befindet. *Scotland Yard* benutzte dieses Foto für ein Plakat einer Werbekampagne, die schwarze Polizeibewerber gewinnen sollte. Scotland Yard rechnete damit, dass viele Betrachter dieses Foto nicht korrekt interpretieren würden, und entschied sich für das „offensichtlich" herausfordernde Bild. Dieses Poster wurde überall in Großbritannien verbreitet mit der Schlagzeile: „Ein weiteres Beispiel für ein Vorurteil der Polizei? Oder ein Beispiel für Ihre Vorurteile?"

Scotland Yard, Plakat mit Text

Dieses Beispiel illustriert, wie bereits die Wahrnehmung auf der ersten Stufe der Leiter alle folgenden beeinflusst. Wenn das Foto die dritte Person gezeigt hätte, könnten wir andere Annahmen über die Szene entwickeln. Wie wir die Daten auswählen – was wir weglassen und genauso was wir hinzufügen – hat eine enorme Bedeutung dafür, wie wir ein Ereignis oder bestimmte Umstände bewerten und wie wir im Endeffekt handeln.

Der Sprung von der untersten zur obersten Sprosse kann manchmal sehr schnell ablaufen. Es reicht ein kurzer Blick auf das Polizeifoto – wir schlussfolgern und handeln. Die Geschwindigkeit, mit der wir die Leiter erklimmen, ist so groß, dass ein Händeschütteln oder ein Blick auf die Person, die gerade zur Tür hereinschaut, ausreicht, um sich ganz oben wiederzufinden.

Wenn wir die Leiter der Schlussfolgerungen hochklettern, werden die mittleren Sprossen nicht immer ausdrücklich genutzt. Nur die ersten Stufen (die Ebene der beobachtbaren Daten) und die letzte (die Handlungen, die wir aus unserem Sprung ableiten) sind offensichtlich. Die Zwischenstufen entsprechen einem inneren Prozess der Bewertungsentwicklung auf der Basis vorhergehender Annahmen und sind für andere unsichtbar. Mit jedem Schritt und jeder Stufe wird dieser Prozess abstrakter.

Wir können die Sprossen der Leiter als Sprünge verstehen:

zu Handlungen
zu Schlüssen
zu Meinungen und Bewertungen
zu Annahmen
Von den Daten

Während die Sprossen abstrahierende Entwicklungsschritte symbolisieren, können wir die Seitenteile der Leiter als Grenzen unseres Weltbildes sehen. Die Grenzen unseres mentalen Modells halten die Leiter in unserem Kopf zusammen und machen uns die Weltsicht, die wir entwickelt haben, plausibel.

Dialogische Intelligenz

Die zehn Kernfähigkeiten auf einen Blick	**Der sichere Weg aus der Dialogfalle – Versuch einer paradoxen Intervention**
1. Eine lernende Haltung einnehmen Nicht als Wissende, als Experten auftreten, sondern „Anfängergeist" verkörpern. Interesse an neuen Sichtweisen zeigen, die unsere tradierten Denk- und Verhaltensmuster in Frage stellen.	*1. Mit Wissen beeindrucken* Ich muss dem Gegenüber deutlich machen, dass ich ganz klar weiß, wie die Dinge wirklich liegen. Daran darf überhaupt kein Zweifel aufkommen! Jetzt ist der Zeitpunkt gekommen, mit all meinem Wissen in Erscheinung zu treten und zu glänzen. Sollen die anderen ruhig merken, dass sie im Grunde keine Ahnung haben.
2. Radikalen Respekt zeigen Die Gesprächspartnerin in ihrem „Sosein" akzeptieren. Versuchen, den Gesprächspartner aus dessen Perspektive zu sehen.	*2. Den anderen keinesfalls ernst nehmen* Das wäre ja noch schöner, wenn ich mich auf den da einlassen würde. Das ist doch kompletter Unsinn, was der erzählt. Unerträglich! Ich mich in den reinversetzen? Im Gegenteil: Er hat mich zu respektieren!
3. Von Herzen sprechen Von dem sprechen, was mir wirklich wichtig ist, nicht nur „aus dem Kopf heraus". Verzichten auf Belehrungen, langwierige theoretische Ergüsse, intellektuelle Spielereien.	*3. Unpersönlich und abstrakt bleiben* Warum soll ich preisgeben, was ich wirklich denke? Oder gar meine Gefühle zeigen? Ich mache doch hier keinen Seelenstriptease. Was denken dann die anderen von mir? Das nutzen die doch nur aus! Dann ziehe ich den Kürzeren!
4. Generativ zuhören Aktiv und empathisch zuhören, so dass die oder der Sprechende sich dabei selbst entdeckt und der Zuhörende sich beim Einordnen des Gehörten beobachten kann.	*4. Ins Wort fallen, unterbrechen* Ich muss die Zeit aktiv nutzen für meine Position. Deshalb: dazwischenfahren, wo es nur geht! Den anderen gar nicht dazu kommen lassen, einen klaren Gedanken zu fassen, geschweige denn zu formulieren. Es gilt, den Gegner zu irritieren, zu verunsichern, bis er zu Fall gebracht ist.
5. Annahmen und Bewertungen „suspendieren, in der Schwebe halten" Sich die eigenen Annahmen und Bewertungen bewusst machen und von Beobachtungen unterscheiden. Diese Annahmen und Bewertungen „in der Schwebe halten", sie „suspendieren", also auf ihnen zunächst keine Reaktion gründen.	*5. Sich mit seiner Meinung identifizieren* Meine Position steht da wie ein Fels, uneinnehmbar (selbst für mich) und unmissverständlich. Natürlich stelle ich sie nicht in Frage, das wäre ja noch schöner. Natürlich identifiziere ich mich voll damit und lasse nicht zu, dass andere mich verunsichern.

6. Pädagogische Haltegriffe in der Landschaft des Lernens

6. Erkunden Aufrichtige, „unschuldige" – nicht rhetorische – Fragen stellen, in einer Haltung von Neugierde, Achtsamkeit und Bescheidenheit. Das Bedürfnis entwickeln, wirklich verstehen zu wollen.	*6. Den Gegner durch Fragen verunsichern* Ich suche den Gegner durch gezielte, inquisitorische Fragen zu verunsichern. Wie er zu seinen verschrobenen Ansichten kommt, interessiert mich nicht.
7. Produktiv plädieren Die persönliche Sichtweise des Themas darlegen und die Beweggründe dieser Sichtweise, einschließlich der eigenen Unsicherheiten. Die Herkunft eigener Bewertungen deutlich machen, die anderen dadurch am eigenen Denkprozess beteiligen (anstatt sie mit meinem Denkprodukt zu konfrontieren).	*7. Seinen Standpunkt unmissverständlich vertreten* Der eigene Standpunkt muss ganz klar formuliert werden. Warum ich so denke, geht den anderen nichts an. Dann würde ich mich nur zu seinem Manipulationsobjekt machen und hätte keine Chance, mich durchzusetzen.
8. Offenheit Die eigenen Beweggründe transparent machen und auf die Beweggründe des anderen ohne Vorurteile und Kritik eingehen. Sich von den eigenen Überzeugungen lösen	*8. Sich abschotten* Ich soll mich angreifbar machen? Etwa indem ich noch Gefühle äußere? Das wäre doch taktisch völliger Blödsinn. Da würde ich ja nur offene Flanken bieten und dem anderen auch noch Munition liefern, dann wäre ich ja gleich zu Fall gebracht.
9. Verlangsamung zulassen Die „innere" Verlangsamung zulassen, die sich durch das Erlernen und Beherzigen der anderen Kernfähigkeiten von selbst einstellt. Die „äußere" Verlangsamung durch langsamere Sprecherinnen oder Instrumente wie Redestein oder Klangschale akzeptieren.	*9. Schnell sein* Schnell sein ist entscheidend, sich selbst und dem anderen keine Pausen gönnen. Nachdenklichkeit ist etwas fürs Alter. Schließlich gilt: Wer zu spät kommt, den bestraft das Leben!
10. Die Beobachterin beobachten Den Beobachter in uns, das heißt die Instanz, die alles durch die konventionelle Brille sieht, beobachten. Sich bewusst machen, durch welche Gefühle und Vorannahmen unsere Haltung zum Gegenüber ausgelöst wird.	*10. Mich selbst nie in Frage stellen* Auf meinen Instinkt kann ich immer vertrauen, der lässt mich nie im Stich, der sagt mir, wo die Schwächen des anderen liegen. Mich selbst soll ich beobachten? Ich bin doch nicht schizophren.

Wie praktisch sind solche dialogischen Kernfähigkeiten, -kompetenzen, -qualitäten oder -werte im Alltag?
Bewähren sie sich im Miteinander?
Können wir sie überprüfen, üben, verbessern?
Wer oder was hilft uns dabei?

Durch solche und ähnliche Fragen inspiriert haben wir uns auf die Suche nach Gesprächspartnern begeben, die in diesen Bereichen forschen und arbeiten.

7. Was macht der Geist im Körper?

Hat Ruth Cohn auf einen entscheidenden Punkt hingewiesen, als sie forderte, die Gefühle in unsere Gespräche bewusst mit einzubeziehen und nicht nur scheinbar rational, kühl, intellektuell miteinander zu kommunizieren? Selbst der abgeklärte Philosoph Habermas ermutigt dazu.

Gehört die Emotionalität zum Kern von Diskurs und Dialog?

Was findet sich, wenn wir die Qualität, die messbaren Eigenschaften des Herzens und seine Auswirkungen näher untersuchen? Wo findet sich ein Lebewesen, dessen Herz das überhaupt zulässt?

Wir haben das Glück, in Jorge Reynolds einen Wissenschaftler zu finden, der genau diejenigen Aspekte am Herzen des Wals wissenschaftlich untersucht, die uns im Dialog zwischen Menschen sehr interessieren: wie Gefühle und damit das Herz unsere Wahrnehmung beeinflussen.

Im Gespräch mit Reynolds wird deutlich, dass er nachweisen kann, wie wirksam und nachhaltig Gefühle das Herz beeinflussen. Wir kennen aus Gesprächen und Begegnungen die Qualitäten herzlicher Kommunikation, vielfach haben wir auch erleben müssen, wie kalt sich im Gegensatz dazu herzlose Ver-gegnungen anfühlen.

Vielleicht darf es uns nicht wundern, dass so viele Menschen an Herz-Infarkten zu Grunde gehen, dass es Situationen, Zustände gibt, in denen das Herz einfach streikt und nicht mehr weiter kann. Im Dialog können wir lernen, von Mensch zu Mensch, aufrichtig und zugleich herzlich miteinander zu sprechen, die Qualitäten, die das Herz als Organ, als Sitz der Weisheit und Weitsicht beinhaltet, wahrzunehmen und ihnen Ausdruck zu verleihen.

Reynolds ermutigt dazu. Seine Forschungen schließen den Kreis zu Bohm, dem Physiker, der die Inkohärenz überwinden wollte. Emotionale Ausgeglichenheit, herzliche Begegnungen sind dabei offenbar unverzichtbar.

Jorge Reynolds wurde 1936 in Kolumbien geboren. Er studierte Elektronik-Ingenieurswesen in Cambridge, England. 1958 entwickelte er den weltweit ersten externen Herzschrittmacher mit inneren Elektroden. Für seine Arbeit wurde er mit drei Honorardoktoraten in Medizin ausgezeichnet. Reynolds ist Mitglied in 34 wissenschaftlichen Gesellschaften. Sein Spezialgebiet ist die sonarakustische Untersuchung des lebenden Walherzens im Ozean. 2011 entwickelte er einen innovativen Herzschrittmacher, der nur ein Drittel der Größe eines Reiskorns misst und ohne Batterie auskommt.

Über das Potenzial des Herzens

Ein Gespräch mit Jorge Reynolds

Herr Reynolds, warum befassen Sie sich so intensiv mit der Erforschung des Walherzens?
Jorge Reynolds: Wir versuchen dadurch mehr über die Funktionsweise auch des menschlichen Herzens zu erfahren. Denn das Walherz bietet enorme Möglichkeiten, weil es dem größten Säugetier der Welt gehört. Es wiegt bis zu 2000 kg und kann pro Schlag

2000 Liter Blut bewegen. Der Wal ist das einzige Säugetier, das vom Wasser- zum Landbewohner wurde und sich dann wieder zum Meerestier entwickelte. An der enormen Oberfläche des Walherzens können wir Regionen mit unterschiedlichen Gefühlsfunktionen und elektrischen Impulsen lokalisieren. Den Herzschlag eines Wals kann man im Wasser bis zu 20 Meilen hören. Wir arbeiten zum Beispiel mit der Weltraumforschung zusammen und messen auch die Auswirkungen der Gravitation auf das Herz.

Kulturgeschichtlich wurde das Herz immer als Sitz der Gefühle gesehen. Heute gilt das Herz in der modernen Medizin eher als mechanische Pumpe, die notfalls ersetzt werden kann. Und die Hirnforschung besitzt Priorität.
Jorge Reynolds: Wir können eindeutig sagen, dass diese „moderne Sicht" einseitig ist. Das Herz sendet laufend Impulse zum Hirn und hat damit entscheidenden Einfluss auf die höheren Hirnzentren hinsichtlich der Art der Wahrnehmung. Es ist vor allem an der Verarbeitung von Gefühlen beteiligt. Letztlich handelt es sich in dieser Beziehung um ein komplexes psychoneurologisches Kommunikationsnetzwerk. Damit verbindet sich das Herz mit dem gesamten Körper. Das Herz ist aktiv, indem es ein eigenes elektromagnetisches Feld aufbaut. Es ist das stärkste des ganzen Körpers. Um die Relation zu nennen, es ist etwa 60 mal stärker als das Feld des Gehirns. Die magnetische Komponente dieses Feldes ist sogar 500 mal stärker. Dieses elektromagnetische Feld durchdringt alle Zellen des Körpers und ist noch in einigen Metern Entfernung wahrnehmbar. Bei den Walen ist dieses noch wesentlich stärker ausgeprägt und daher noch leichter messbar. Es kann auch eindeutig nachgewiesen werden, wie sich die rhythmische Aktivität des Gehirns an den Herzrhythmus anpasst.

Was können wir bezüglich der menschlichen Gefühlswelt von diesen Untersuchungen lernen?
Jorge Reynolds: Das ist auf den ersten Blick keine leichte Frage. Aber wir können deutlich den Zusammenhang von Gefühlen mit körperlichen Zuständen feststellen. Das haben Säugetiere mit Menschen gemeinsam. Wenn wir uns in einem Zustand völli-

ger Entspannung befinden, oder uns geliebt, anerkannt und wertgeschätzt fühlen, schwingen sich der Atemrhythmus, der Blutdruck und andere Vorgänge auf die Frequenz des Herzens ein. Wir gehen davon aus, dass vom „Herzfeld" gewissermaßen eine Trägerschwingung ausgeht, eine Information, die sich auf den ganzen Körper auswirkt. Diese vom Herzen ausgehenden Wellen synchronisieren die Organfunktionen und treten in Wechselwirkung mit dem gesamten Körper. Dieser innere Dialog erfasst aber auch die Eigenschaften und Zustände der inneren Organe und verteilt diese neuen Informationen wiederum im Körper. „In-Formation" können wir in buchstäblichem Sinne als Prozess des „In-Form-Bringens" verstehen.

Wie verhält es sich bei negativen Gefühlen wie Frust, Ärger oder gar Wut?
Jorge Reynolds: Wir können dann unregelmäßige, sprunghafte Energiemuster feststellen. Wir konnten früher mit telemetrischen Systemen und heute mit der Spektralanalyse feststellen, wie sich das Magnetfeld des Herzens verändert. Anhaltende positive Gefühlszustände erzeugen eine so genannte psycho-physische Kohärenz, die fast ein ideales Sinusbild ergibt. Das hat zur Folge, dass sich die Organfunktionen in Harmonie und einer gesteigerten Leistungsfähigkeit befinden. Der innere Dialog der Funktionen und Organe führt auch zu emotionaler Ausgeglichenheit und Klarheit, der gesteigerte intuitive Intelligenz, besseres Urteilsvermögen und geistige Leistungsfähigkeit zur Folge haben kann.

Eine solche Haltung könnte doch einen entscheidenden Einfluss auf die soziale Wirkung eines Menschen, auf das Verhalten in Gruppen und die Beziehungsfähigkeit haben?
Jorge Reynolds: Unbedingt. Es ist ein Irrtum zu glauben, dass soziale Kommunikation ausschließlich über Mimik, Gestik, Sprache, Körperausdruck und Tonfall läuft. Wir können davon ausgehen, dass ein unterbewusstes vom Herzen gesteuertes elektromagnetisches Feld auf äußerst subtiler, aber vielleicht sogar umso wirkungsvollere Art unsere Kommunikation beeinflusst. Wir „fühlen" gewissermaßen mit dem Herzen, ob wir von anderen Menschen

angezogen oder abgestoßen werden. Das können wir auch auf Gruppen übertragen. So können sich die Gehirnwellen einer Person auf den Herzrhythmus einer anderen Person einstellen. Wenn sich Menschen im Zustand der eben geschilderten psycho-physischen Kohärenz befinden, sind sie in der Lage, die „Herzensfelder" ihrer Mitmenschen zu erspüren. Sie entwickeln gewissermaßen eine „Antenne" für die Gefühle anderer. Und diese Verbindung geschieht auf einer tieferen Ebene als es die sprachliche erlaubt.

Rupert Sheldrake hat darauf verwiesen, dass diese Verbindung sogar zwischen Menschen und Tieren existieren kann.
Jorge Reynolds: Wir haben ja in unseren Walforschungen nachgewiesen, wie enorm weitreichend diese Verbindungen zwischen den Tieren sind. Aber es gibt auch Hinweise für die von Ihnen genannten Informations- und Emotionsfelder zwischen den Arten.

Ich könnte mir vorstellen, dass diese Felder in besonderer Weise auch das Beziehungsfeld zwischen Eltern und Kind beeinflussen können.
Jorge Reynolds: Es gibt eine Reihe von Forschungen, die genau diesen Zusammenhang belegen, der entscheidend ist für die Bewusstseinsentwicklung, für die Emotionalität und eine gesunde und harmonische Herausbildung der Ich-Du-Beziehung. Vor allem die enge Mutter-Kind-Beziehung ist außerordentlich entwicklungsfördernd, wenn sie von Liebe, Freude, Anerkennungs- und Glücksgefühlen getragen wird.

Die prägende Schule des amerikanischen Behaviourismus ging davon aus, dass ein Kind nicht im harten Leben zurechtkommen würde, wenn es geküsst, beschmust und auf den Arm genommen wird. Eine Art „tough love" wurde empfohlen.
Jorge Reynolds: Das widerspricht völlig der modernen Bindungsforschung. Gerade die Muster in Feldern, die in einer Beziehung entstehen, sind reziprok. Das heißt, wenn ich ein psychisch und physisch gesundes Kind haben möchte, dann muss die Beziehung von positiven Gefühlen getragen werden, denn sie prägen sich ein und wirken das ganze Leben hindurch.

Wir wirken diese Erkenntnisse in sozialen Systemen? Inwiefern haben diese Ebenen einen Einfluss auf Gruppenprozesse?
Jorge Reynolds: Wir können sagen, dass ein Netz positiver Emotionen ein Energiefeld erzeugt, das eine Kohärenz zur Folge haben kann. Vielleicht kann man sogar schließen, dass jedes Mitglied einer solchen Gruppe mit seinen Emotionen auch in der Lage ist, die Kohärenz der Beziehungen untereinander zu steigern.

Das Maß der Hoffnung

„Das Maß der Hoffnung ist nicht das Maß unserer Freude am guten Lauf der Dinge und unseres Willens, in Unternehmungen zu investieren, die sichtbar zum baldigen Erfolg führen, sondern, eher das Maß unserer Fähigkeit, uns um etwas zu bemühen, weil es gut ist. Und nicht nur, weil es garantiert Erfolg hat. Je ungünstiger die Situation ist, in der wir unsere Hoffnung bewähren, desto tiefer ist diese Hoffnung. Hoffnung ist eben nicht Optimismus. Es ist nicht die Überzeugung, dass etwas gut ausgeht, sondern es ist die Gewissheit, dass etwas Sinn hat – ohne Rücksicht darauf, wie es ausgeht."

Václav Havel

7. Was macht der Geist im Körper?

Wie unser Denken Körper und Gene verändert

Ernest L. Rossi promovierte an der Temple Universität in Pennsylvania in Klinischer Psychologie. Für seine Arbeiten erhielt Rossi den „Lifetime Award for Outstanding Contributions to the Field of Psychotherapy" von der Milton H. Erickson Foundation. Er gilt in den USA als einer der Pioniere der Entschlüsselung der „Seele"-Gen-Molekularverbindung. Nach seinen Erkenntnissen kann sich der Mensch durch sein Denken bis hinein in seine Genetik verändern.

In einem anderen Arbeitsschwerpunkt hat sich Rossi mit Erinnerungen befasst, die er als durchweg zustandsgebundene Informationen erkennbar machte, die dann einfacher zugänglich sind, wenn ähnliche Gefühle wieder hergestellt wurden.

„Wir brauchen bewussten Dialog zwischen Körper, Geist und Seele"

Ein Gespräch mit Ernest L. Rossi

Im Dialog versuchen wir, die Fragmentierung des menschlichen Denkens zu überwinden. Wie aber gelingt es uns, die vielfältigen Aspekte des Lebens sinnvoll zu integrieren? Die menschliche Kultur besteht ja aus verschiedenen Bereichen, wie Arbeit, Kultur, Wissenschaft. Diese wirken auf das Bewusstsein, auf die Gesundheit, die seelische Verfassung, bis hin zu dem, was wir als

Wahlfreiheit betrachten. Letztlich beeinflussen sie sogar, so Ihre Theorie, die neuronale Verfassung des Menschen bis hin zur Veränderung seiner Gene.

Ernest L. Rossi: Wir haben in den Jahren viele mögliche Antworten darauf erforscht und sind dabei zu einer neuen Weltsicht gekommen. Um es auf den Punkt zu bringen: Der Mensch erschafft sich gewissermaßen in Co-Kooperation mit Natur und Kultur selbst. Die vereinfachte Sicht der genetischen Determination, dass fast alles schon vorgeburtlich in den Genen festgelegt sei, ist so nicht richtig.

Wir können heute gut nachweisen, wie unsere Umwelt, unser Bewusstsein, unser Verhalten, unser Denken und unsere Lebensweise auf die seelische Entfaltung einwirken und sich sogar rückkoppeln. Der Mensch ist bis in die Genetik darauf angelegt, sich möglichst gut an veränderte Bedingungen anzupassen.

Wie schnell wirken sich veränderte Welt- und Bewusstseinszustände auf die Gene aus?

Ernest L. Rossi: Eine spezielle Klasse von Genen ist sogar in der Lage, innerhalb von Minuten auf heftige kritische Lebensereignisse zu reagieren. Umweltsignale werden so außerordentlich schnell aufgenommen und wirken auf die Codierung von Proteinen, die bis in die Zelle hinein über die Zustände wie Krankheit oder Gesundheit entscheiden. Das sind die Schlüsselfunktionen für die psychosomatische Medizin, die Geist-Körper-Heilung, letztendlich sind sie die Basis der Heilkünste.

Gibt es auch Einflüsse auf unsere genetische Ausstattung, die von den Lebensumständen beziehungsweise von der Einstellung zum Leben abhängig sind?

Ernest L. Rossi: Unterschiedliche Verhaltensweisen, Einstellungen und Zustände wirken über die sogenannte zustandsabhängige Gen-Entfaltung. Ob wir schlafen, oder wach sind, träumen, uns den jeweiligen Stimmungen wie Freude, Trauer, Angst hingeben, ob wir spannungsgeladen argumentieren, einen entspannten Dialog führen, all das wirkt auf uns und entwickelt unterschiedliche Muster für die genetische Disposition. Diese Muster sind entscheidend für die Erkundung der Psychobiologie des Bewusstseins. Dafür ist es von Bedeutung, wie wir in der Kultur miteinander umgehen, welche Rituale wir entwickeln, wie wir miteinander kommunizieren, wie wir auftreten und welches Verständnis von Gesundheit und Krankheit wir haben.

Wie wirken die praktische Tätigkeit, die konkreten Handlungen und die Entdeckerfreude auf die Genexpression ein?
Ernest L. Rossi: Etwas Neues zu machen, eine sinnvolle Aufgabe zu haben, Neugierde zu entfalten, das löst eine ganze Kaskade von genetischen Prozessen auf molekularer Ebene aus. Wir sprechen von „aktivitätsbedingter Genentfaltung". Diese spezielle Klasse von Genen stimulieren über spezielle Proteine Wachstumsimpulse, die das Gehirn zum Wachstum anregen und neue Funktionen in den neuronalen Netzen entwickeln. Außerdem kommen von dort Signale, die durch den ganzen Körper geschickt werden und in der Lage sind, geschädigte Zellen durch gesunde ersetzen. Letztlich sind davon auch die sonderbaren Heilwirkungen von Placebos abzuleiten.

Das heißt, die Art und Weise, wie wir lernen, wie wir unseren Wissensdurst entfalten und letztlich auch wie wir miteinander umgehen, hat Auswirkungen auf unsere gesamte körperliche Entfaltung bis hin zur Genetik?
Ernest L. Rossi: Durchaus. Wir nennen es „Novelty-Numinosum-Neurogenesis-Effekt". Das bedeutet, reichhaltige, vielfältige Lebenserfahrungen, praktische Tätigkeit, verbunden mit einer unbändigen Entdeckerfreude und einem kindlichem Staunen können die aktivitätsbasierte Neustrukturierung unseres Gehirns freisetzen. Dieser Prozess ist prinzipiell lebenslang wirksam. Letztlich ist dies die Essenz des Verhältnisses von kreativen psychischen Erfahrungen, der Neurogenesis und der Genentfaltung. Ja, es ist der psychosynthetische Prozess unserer täglichen Welterfahrung, innerer Veränderung und Selbstgestaltung. Sie wirkt auch auf die schöpferische Qualität in wissenschaftlichen und künstlerischen Prozessen. Das zeigt, wie stark dieser Effekt unsere Motivation beeinflusst und gleichzeitig sowohl auf die Proteinsyn-

these, die Neurotransmitter, die Neurogenesis bis hin in die Genausstattung hineinwirkt.

Was ergibt sich daraus für die Erziehung und Pädagogik?
Ernest L. Rossi: Es geht letztlich um die Entwicklung der individuellen Antwort auf die Lebensfragen und die Selbstverwirklichung eines jeden. Generell scheint es so, dass die Menschen zwar zu 99,9 Prozent die gleiche genetische Ausstattung haben, aber trotzdem über drei Millionen individuelle Variationen unterschieden werden können. Wir nennen das „Single-Nucleotide-Polymorphism". Es bedeutet, nur wir allein können die einzigartigen Möglichkeiten in uns entdecken und entfalten. Eltern und Lehrende können uns vielleicht helfen, Wege zu finden. Aber jeder von uns hat eine spezielle Wahrnehmung, ein eigenes Potenzial, aber auch individuell unterschiedliche Probleme. Nur wir selbst können diese Dinge und Prozesse beantworten oder zu einer Lösung bringen. Dafür brauchen wir eine dialogische Form, in der wir auf eine humane Art und Weise unsere Potenziale in Kultur und Gesellschaft einbringen können. Die Erde, verstanden als ein lebendiger Organismus Gaia, die Gene, das individuelle Leben und die gesellschaftlichen Prozesse wirken aufeinander. Wir brauchen die Fähigkeit der Imagination, der Träume, der Fantasie, um neue soziale Erfindungen zu machen und sie umzusetzen. Im Dialog können wir zu einer Ko-Kreation, einer gemeinsamen Entwicklung mit anderen kommen, weil wir darin sowohl in einen Status der tiefen Selbstreflexion kommen, als sich auch Begeisterung für völlig Neues entfalten kann.

8. Mit Parzival und Artus auf dem Weg

„The idea that somehow organizations can change without personal change, and especially without change on the part of people in leadership positions, underlies why many change efforts are doomed from the start."

Peter Senge

Dialog und Organisationsentwicklung

David Bohm war sich der Schwierigkeit, Dialogprozesse in Organisationen und Unternehmen einzusetzen, sehr bewusst. Vor allem was Profitorganisationen betrifft, war seine Skepsis groß. Peter M. Senge von der Society for Organizational Learning (SOL) hält dagegen den Dialog für eines der wichtigsten Instrumente qualitativ hochwertiger organisationaler Entwicklung. Für ihn sind bewusst praktizierte dialogische Fähigkeiten unabdingbar für zukunftsfähige Veränderungsprozesse. Mitarbeitende müssten sowohl in der Lage sein, Diskussionen zu führen als auch in den Modus des Dialogs zu wechseln.

Es ist an dieser Stelle nicht der Rahmen, ausführlich auf diese Themen einzugehen. Wir wollen aber einige Aspekte, Erfahrungen und Gedanken vorstellen, die aus unserer Sicht wesentlich für den Erfolg oder Misserfolg eines Dialogprozesses mitverantwortlich sein können.

Der Dialog ist ein sehr tief gehender Ansatz der persönlichen Entfaltung und des Lernens in Gemeinschaft. Dazu braucht es den Schutz eines Vertrauensraumes (Container). Das Vorhandensein von Machtstrukturen und der Umgang mit Macht ist ein entscheidender Faktor für das Gelingen beziehungsweise Kollabieren des Dialogprozesses. Besteht auch nur die geringste Gefahr, dass Erkenntnisse aus dem Prozess gegen Teilnehmende instrumentalisiert werden können, ist dieses fragile Geschehen im Kern bedroht.

Gleichzeitig liegt hier aber auch hier die entscheidende Qualität des Dialogprozesses. Freiheit und Offenheit sind wesentliche Kennzeichen für die Kreativität des individuellen und gemeinsamen dialogischen Lernprozesses.

Der Dialog ist keine übliche Methode, kein Instrument oder Werkzeug, er ist eher eine Haltung. Daher braucht es auch eine tragfähige Vereinbarung und ein gemeinsames Verständnis für diesen Weg, damit sichergestellt ist, dass er wirklich gewollt ist – kann er doch an die Wurzeln des Selbstverständnisses gehen, weil er hinter Verlautbarungen, Meinungen und rhetorische Spielchen führt.

Der Soziologe Rainer Zech hat die Unfruchtbarkeit der überwiegenden Ansätze von Organisationsentwicklung thematisiert, die gemessen an ihrem eigenen Anspruch gescheitert sind. Es werde die „latente Funktionsgrammatik von Organisationen" nicht wirklich angegangen. Daher würden auch die im Untergrund wirksamen Macht-, Einfluss-, Hierarchieebenen überhaupt nicht erreicht.

Zusätzlich zu diesem Grundproblem bei Profitorganisationen und Verwaltungen, wo es um Macht und Einfluss geht, sind im Bildungs- und Wissenschaftsbetrieb noch besondere Attitüden wirksam, die den Dialogprozess zusätzlich strangulieren können. Die Attitüde des Wissenden etwa, die Verschanzung hinter Titeln und Pseudoobjektivitäten kollidiert oft mit einem fruchtbaren Anfängergeist. Denn was will eine sich als „wissend" kategorisierende Person schon noch lernen, wenn sie sich nicht als „lernende" begreift?

Der Dialog ist eine Kunst. Er kann in einem Popanz von Macht, Arroganz und Ignoranz nicht gedeihen. Nach dem Motto von Joseph Beuys – „Zeige deine Wunde" – muss er die Schwäche des Menschen zur kommunikativen Stärke machen. Gleiches gilt für zukunftsfähige organisationale Veränderungsprozesse. Jedoch braucht es dafür ein hohes Maß an Veränderungskompetenz auf allen Ebenen der Organisation, das wertgeschätzt, erworben und kontinuierlich praktiziert werden muss. Der Musiker Herbert Grönemeyer hat dies einmal wie folgt formuliert: *„Ich glaube, dass der Mensch durch seine Schwächen besticht. Da wird er einzigartig, nicht im Erfolg. Was wir als Menschlichkeit beschreiben, ist im Grunde die Öffnung der Schwächen. Wenn man aber versucht, sich über die Schwäche einander anzunähern, dann entsteht wirklich Nähe."*

Eine persönliche Suche nach ganzheitlichem Denken

*„Wir mögen die Sache anfassen wie wir wollen:
Immer klarer muss es werden, dass die Frage nach dem Wesen des menschlichen Handelns
die andere voraussetzt nach dem Ursprung des Denkens."*

Rudolf Steiner

Im Folgenden möchte ich, Tobias Hartkemeyer, von einem persönlichen Standpunkt aus einige Beobachtungen über die Entwicklung meines eigenen seelischen Erlebens – meines Denkens und Empfindens – darstellen. Den Anstoß und das Vertrauen, mich selbst – mein eigenes Innenleben – als Wahrnehmungsgegenstand ernstzunehmen und als Forschungsgegenstand ins Zentrum zu rücken, wurde vor allem durch Rudolf Steiners „Philosophie der Freiheit" und durch Quantenphysiker wie David Bohm gestärkt. Ihre Gedanken waren für mich eine Einladung, das eigene Denken zu erkunden.

Kindliche Verbundenheit und die Erfahrung der Fragmentierung

Als ich im Erwachsenenalter auf Erlebnisse meiner Kindheit schaute, erinnerte ich mich an Wahrnehmungsinhalte, die ich aufgrund der gesellschaftlichen Rahmenbedingungen als Kind ohne Unterstützung nicht bis zur Begriffsbildung hatte bringen können. Als Kindergartenkind hatte ich in der Natur oft Erlebnisse, bei denen ich die belebte Umwelt auch als seelisch lebendig, ja wesenhaft wahrgenommen hatte. Diese Empfindungen erinnere ich als Wahrnehmungsinhalte, die nicht auf der physischen, sondern eher auf einer anderen Ebene vorhanden waren. Und doch traten sie in gewisser Weise durch die Augen, durch eine spezielle Art des Sehens in mein Bewusstsein. Bei zu starker Fokussierung auf das Gegenständliche verschwand dann die Wesenhaftigkeit aus dem Bewusstsein. Im gesellschaftlichen Kontext ergaben sich mir damals keine Möglichkeiten, diese inneren Erlebnisse zu artikulieren und zu einer Erklärung zu führen. Und insbesondere die staatliche Schulbildung trug dazu bei, innere Erlebnisse durch fremde Vorstellungen zu ersetzen. Dieser Prozess wurde von mir oft als schmerzhaft erlebt. Durch den fremden Willen, dessen Ursprung ich nicht begreifen konnte, fühlte ich mich bedrängt und empfand gleichzeitig eine unterschwellige Sehnsucht nach dem inneren Sinnzusammenhang, den ich im Kontext Schule nicht finden konnte. Das dort kultivierte Gegenstandsdenken richtete die Aufmerksamkeit auf die Objekte der Welt, und dadurch erlebte ich mich immer stärker getrennt von Ihr. Mein Bedürfnis war es, mich in meinem persönlich-praktisch Verhältnis zur Welt als denkender, fühlender und handelnder Mensch erleben zu dürfen. Dieses Bedürfnis wurde jedoch enttäuscht. Dass die Schulbildung über weite Strecken darauf abzielt, die innere Verbundenheit mit der Natur durch Fragmentierung des Gegenstandsdenken zu ersetzen, rief in mir innere Widerstände und Aggressionen hervor. Das ging soweit, dass ich in der sechsten Klasse schließlich vollends blockierte und meine Eltern mich auf der Suche nach Alternativen an einer Waldorfschule anmeldeten. In Bezug auf meine vorangegangenen Schulerfahrungen erlebte ich hier die vielseitigen Erfahrungen von Theater, Kunst und Handwerk als enorm bereichernd und bekräftigend.

Die praktisch-künstlerischen Selbstverwirklichungserlebnisse an der Waldorfschule wichen jedoch schnell dem gesellschaftlichen Druck und der Angst um ein Blättchen Papier mit der Überschrift „Abitur", das aus meiner Sicht den Gipfel des Nötigungsprozesses darstellte. Dieser fremde Druck, dem ich mich weder unterwerfen konnte noch wollte, führte zu innerer Abwehr und Verweigerung und mündete kurzzeitig in einer intensiven Party- und Drogenphase, als Abwehr und offene Revolte gegenüber meinem sozialen Umfeld. Der abrupte Wendepunkt ergab sich dann für mich durch zwei Ereignisse. Das erste kam in Form einer besorgten Mitschülerin auf mich zu, die mir eines Tages ein Buch von *Carlos Castaneda* mit den Worten überreichte: „Hier, meine Mama sagte, du sollst das mal lesen". Diese Bücher eines mexikanischen Schamanen-Lehrlings, die ich nacheinander verschlang, befriedigten endlich mein Bedürfnis nach einem inneren Sinnzusammenhang. Ich erlebte es als bereichernd, mich selbst in meinen Gewohnheiten und meinen Gedanken gegenüber der Welt zu erforschen. Die intensiven Meditationsübungen der Rekapitulation als eine Art Rückschau auf das bisherige Leben aus einer Metaebene halfen mir beim Aufspüren und Transformieren von Gewohnheitsmustern und übernommenen Vorstellungen und Annahmen. Aber auch die bewusste Arbeit mit luziden Träumen führte mich zu Erlebnissen, die mir ganz wesentlich dabei halfen, das Gefühl der inneren Verbundenheit meiner selbst mit dem Wahrnehmungsinhalt und der Welt zu erleben oder, genauer gesagt, wiederzuentdecken. Das intensive Praktizieren von energetischen Bewegungsübungen führte zu transzendenten Erlebnissen, bei denen meine Körperwahrnehmung über meine physikalischen Grenzen hinaus ging. Sehr abrupt wurde mir die Banalität und erschreckende Sinnlosigkeit meiner Drogen- und Party-Phase bewusst und ich beendete sie praktisch umgehend.

Das zweite Ereignis, das etwas sanfter und allmählicher zum Tragen kam, war die Einführung des Dialog-Prozesses in unseren Familienkreis. Mit ausgelöst durch meine intensive Sturm- und Drangphase begaben sich meine Eltern auf die Suche nach neuen Kommunikationsformen und brachten den Dialog zu uns nach Hause. Die Wucht des Dialogs entfaltete sich eher gemächlich, jedoch mit stetigem Schritt.

Die Subjekt-Objekt-Spaltung und die Fragmentierung der Welt

„Vom Denken hängt alles ab – wenn das Denken fehl geht, werden wir alles falsch machen. Aber wir sind so gewohnt daran, das Denken als selbstverständlich hinzunehmen, dass wir es überhaupt nicht beachten."

David Bohm

Die Auseinandersetzung mit Castanedas abenteuerlichen Geschichten eines mexikanischen Schamanenlehrlings führten mich zwar zu wertvollen praktischen Erfahrungen der inneren Verbundenheit, doch blieb das Bedürfnis meines Verstandes, diesen Weg mitzugehen, unbefriedigt. Ich empfand die Geschichten nicht als zufriedenstellend, es blieben zu viele Fragen offen. Zugleich empfand ich die Vorstellungen, die mir in der Schulzeit und von der Gesellschaft immer wieder als „Sicht auf die Welt" präsentiert worden waren, schon länger als unbefriedigend. Besonders der Ansatz, die Welt von den Teilen, von der Fragmentierung her zu denken, fühlte sich für mich sehr unbefriedigend an. Ich hatte das Gefühl, man wolle mir weismachen, die Welt sei baukastenmäßig aus der zufälligen Zusammenstellung kleiner Teile, aus Fragmenten heraus entstanden. Die unterschwellige Gleichstellung von „Sinn" und „Zufall" – und damit auch „Belanglosigkeit" – regte in mir starke Widerstandskräfte. Die umgekehrte Sicht, die Dinge von der Ganzheit her zu denken, empfand ich als nachvollziehbarer – wie beispielsweise die Phänomene der Biologie zeigen, bei der sich aus der Einheit die Vielfalt entwickelt, indem sich eine Zelle immer weiter zum komplexen Organismus differenziert. Ich hatte große Probleme mit der Fragmentierung der Welt in die Bereiche Religion, Wissenschaft und Kunst. Sie hinterließ Unzufriedenheit und den starken Wunsch zu erfahren, wieso diese Trennung so stark in den Vorstellungen lebte und ob es nicht auch andere Sichtweisen gab. Am meisten faszinierten mich die Gebiete des „Nichtwissens" oder des „Noch-Nicht-Wissens" und die Überschneidung von Kunst, Wissenschaft und Spiritualität. Großes Unbehagen bereitete mir die Grundidee der Wissenschaft nach Francis Bacon, dem es als der Vater der modernen Naturwissenschaft in seinem Werk „Novum Organon" nicht mehr darum ging, die „Wahrheit" in der Natur zu erkennen, sondern die Natur so zu erfassen, dass sie unter die Verfügungsgewalt des Menschen fällt. Danach wurde mir klar, dass diese Art des fragmentierenden Denkens zwar zu vielen technischen Errungenschaften geführt hatte, dass aber diese Errungenschaften und vor allem die damit verbundene Denkweise auch viele Missstände, Zerstörung und Ungerechtigkeit hervorgerufen hatte. Der Dualismus der Subjekt-Objekt-Spaltung führt zu der Auffassung, dass die Welt und letztlich auch das Selbst nur in der eigenen Vorstellung, als eigenes Konstrukt erlebt werden kann und die Welt nur illusionären Charakter hat. Streng genommen würde sich hier die eine Vorstellung (das Konstrukt des Selbst) eine Vorstellung über eine Vorstellung (das Objekt, als Welt-Konstrukt) machen. „Es ist, wie wenn der in Illusionen Lebende in weiteren Illusionen die Ursachen seiner Illusionen suchte", hat Rudolf Steiner dieses Paradox formuliert.[29]

29 GA 028 S.122 f.

Die gemeinsame Grundstruktur von Geist und Materie

Im wissenschaftlichen Denken zeichnet sich seit dem letzten Jahrhundert eine neue Perspektive ab. Sie taucht spannenderweise da auf, wo die Fragmentierung auf die Spitze getrieben wird. Bei der Erforschung der kleinsten Teile stellte die Physik fest, dass wir dort eine Art von Simultanität, Einheit und Potentialität auffinden. Diese Entdeckungen regten Quantenphysiker wie David Bohm oder Hans-Peter Dürr zu ganz neuen Denkweisen an. Anton Zeilinger, der an der Universität Wien zur praktischen Quantenkryptographie und der Übertragung von Quanten forscht, bezeichnet Kants Philosophie als den Grundpfeiler der Erkenntnistheorie der klassischen Physik und fordert, dass wir heute eine neue Philosophie und Erkenntnistheorie für die moderne Quantenphysik brauchen. Er bezeichnet sich selbst nicht als einen Anhänger des Konstruktivismus. Gegenüber der dualistischen Spaltung ergibt sich durch die Interpretation der Quantenphysik nach Zeilinger eine wesentliche Änderung:

„Der Anfang aller Weisheit ist das Staunen."

Aristoteles

„Es ist nun klar, warum Albert Einstein die Quantentheorie kritisieren musste, warum er Verschränkung als spukhaft bezeichnete. Sein Bild einer real, faktisch existierenden Wirklichkeit, die in ihren wesentlichen Eigenschaften unabhängig von uns ist, diese Trennung von Wirklichkeit und Information ist offenbar nicht haltbar."[30]

Wie wir über das Denken denken, scheint mir zur Überwindung des Dualismus von zentraler Bedeutung. „Wir werden erkennen müssen, dass der Inhalt des Denkens und die Tiefenstruktur nicht wirklich getrennt voneinander sind, denn die Art und Weise, wie wir über das Denken denken, hat Auswirkungen auf seine Struktur. Wenn wir beispielsweise denken, dass unser Denken uns individuell zu eigen ist, so hat das eine Auswirkung darauf, wie das Denken arbeitet. Also müssen wir sowohl Inhalt als auch Struktur genauer betrachten", wusste David Bohm.

Das, was im gewöhnlichen Alltagsleben als „Denken" bezeichnet

---

30 Zeilinger 2005 – *Einsteins Spuk. Teleportation und weitere Mysterien der Quantenphysik*

wird, sieht Bohm ebenso wie Steiner als Urteilsgewohnheit, Routine, Paradigmenwirkung und Tradition. Bei dieser verbreiteten Art des Denkens lassen wir uns nicht auf das uns unmittelbar Gegebene ein, denn wir identifizieren uns zu stark mit unseren (Vor-) Urteilen gemäß alter Vorstellungen und schaffen es nicht, sie zu suspendieren. Hierdurch kommt keine eigentliche Erkenntnis zustande, sondern oft lediglich eine Wiederholung bestehender Urteile.

Dies gilt nicht nur in Bezug auf das Verständnis der uns umgebenden Welt, sondern gerade auch für die Welt des Zwischenmenschlichen. Um hier jenes lebendige Denken zu aktivieren, auf das Bohm und Steiner hinweisen, ist ein tieferes Einlassen auf einen gemeinsamen Prozess, auf das Gegenüber und damit auch ein tiefes Interesse und Einfühlungsvermögen von grundlegender Bedeutung. „In vieler Beziehung fallen Mitleid, Mitgefühl und Interesse zusammen. Wirkliches, wahres Interesse haben, heißt Liebe haben. Denn man kann nicht Interesse haben, ohne im wahren Sinne des Wortes Liebe, ohne Mitgefühl zu haben", so Steiner.[31]

Wie kann der analytische, zergliedernde Verstand anders arbeiten als fragmentierend? Das zusammenführende Element heißt Liebesfähigkeit. Ich empfinde als Schlüssel zum ganzheitlichen Denken, die Entwicklung eines – wie Steiner es bezeichnet – „Herzdenkens". Auf einer nondualen Ebene kann nur in einem lebendigen Prozess gedacht werden und nicht in Form abstrakter Vorstellungsbegriffe. Festgefügte Vorstellungen bilden einen Käfig, die Öffnung für den Kosmos der Dialogischen Intelligenz liegt dagegen im Interesse an der Welt, im Mitgefühl und im Mitfühlen – in der Fähigkeit zur Liebe. Das Lebenselement der Liebe ist nicht der abstrakte Begriff, sondern der lebendige Prozess.

Bohm und Steiner zufolge haben Materie und Geist eine gemeinsame Grundstruktur. Nach dem klassischen Weltbild der Subjekt-Objekt-Spaltung wird die Welt in ihren Substanzen und Kräften als „fertig" angesehen. Der Mensch schafft sich nur ein abbildhaftes Konstrukt davon. Wie kann jedoch die Welt ohne das Denken für fertig gehalten werden? Die Formen der Pflanze entstehen durch

---

[31] GA 062, S. 436

biologische Lebensvorgänge, der Begriff der Pflanze entsteht durch mein Denken. Aber sind das wirklich zwei grundverschiedene Dinge? Aus dem Samen im Boden entwickeln sich Wurzeln, Stängel und Blüte. Stellen wir uns der Pflanze gegenüber, dann verbindet sie sich mit einem bestimmten Begriff im denkenden Bewusstsein. Warum sollte dieser nun weniger zur ganzen Pflanze gehören als Blatt und Stängel? Dem Einwand, die Blätter und der Stängel seien ohne wahrnehmendes Subjekt vorhanden, kann entgegengehalten werden: Auch Blatt und Stängel entstehen nur, wenn spezifische Bedingungen vorhanden sind, ein geeignetes Substrat etwa, in das der Samen gelegt werden kann. So wie das Prinzip (der Begriff) der Pflanze sich in Resonanz mit Boden, Luft, Wasser und Licht ausprägt, so „entsteht" er, wenn ein denkendes Wesen an ihn herantreten kann, in seinem Denken.[32] Zwar kann sich der Begriff nicht in jedem Menschen zur vollen „Blüte" entwickeln, dies gelingt aber auch dem Samen nicht immer und überall, sondern nur dann, wenn die Umweltbedingungen optimal sind.

Sich selbst zum Ausgangspunkt machen

Wenn Wirklichkeit und Information, Geist und Materie, Subjekt und Objekt auf der nondualen Ebene nicht zu trennen sind, beginnt die Erforschung der Welt nicht „da draußen", sondern hier in mir.

In der Einleitung zu Goethes Naturwissenschaftlichen Schriften legt Steiner folgenden Gedankengang dar: Wir können zwar die ganze Reihe von Vorgängen verfolgen, welche sich bei einer Sinneswahrnehmung, von der peripheren Endung der Nerven im Sinnesorgan bis in das Gehirn vollziehen. Wir können jedoch nirgends in dieser Kette an jenen Punkt gelangen, „an dem die mechanischen, chemischen und organischen, kurz die raumzeitlichen Prozesse aufhören, und das auftritt, was wir eigentlich Sinneswahrnehmung nennen, zum Beispiel die Empfindung der Wärme, des Lichtes, des Tones und so weiter."[33] Denn diese erleben wir nur als unsere eige-

---

32 Steiner, GA 004, S. 85 f.
33 Steiner, GA 001, S. 267

ne Empfindung. Machen wir daher unsere eigene Empfindung zum Ausgangspunkt!

Angenommen, meine Empfindung ist grün, so verbinde ich diese Empfindung durch meine Vorstellung mit einem räumlich und zeitlich definierten Ding, oder einer Oberfläche, der ich diese Empfindung zuschreibe.

Wird an dieser Stelle die Frage nach den räumlichen und zeitlichen Vorgängen gestellt, die als Reiz auf mich einwirken, so kann die Antwort in mechanischen und chemischen Oberflächeneigenschaften gefunden werden. Weiterhin können die Vorgänge untersucht werden, die sich zwischen den Oberflächeneigenschaften bis zum Sinnesorgan abspielen. Hier können Bewegungsvorgänge und elektrische Impulse identifiziert werden, das Gleiche gilt auch für die Prozesse innerhalb der Sinnesorgane im peripheren und zentralen Nervensystem. Was bisher in diesem Prozess untersucht wurde, ist die Wahrnehmung des Grüns. Wie sich jedoch die Wahrnehmung des Grüns in einem der untersuchten Teilabschnitte darstellt, hängt von der entsprechenden Natur des jeweiligen Teilabschnittes ab (zum Beispiel als elektrisches Reaktionspotenzial in den Neuronen). Von der Erregung bis zum Gehirn ist die Empfindung an jedem Ort vorhanden, jedoch lediglich so, wie sie der Natur des jeweiligen Teilabschnittes entspricht.

Nur in der wahrnehmenden Empfindung des Grüns ist das Grün erlebbar. Wenn dieser Empfindung jedoch keine eigenständige Qualität eingeräumt wird, sondern stattdessen die physikalischen Prozesse im Sinnesorganismus untersucht werden, verlieren wir die Empfindung des Grüns als solche. Wie auch immer wir die vermittelnden Vorgänge im Sinnesorganismus untersuchen, wir kommen immer wieder zu unserer eigenen Sinneserfahrung. Aus diesem Grund sind wir selbst der Ausgangspunkt.

Innere Klarheit Schaffen –
Personal Mastery und die Nebenübungen Rudolf Steiners

> *„In dem Maße, wie es gelingt zu bemerken, wann und in welcher Weise eigene Gefühlsregungen, Wünsche, Vorstellungen, Begierden, Triebe und andere Regungen und Willensimpulse wirksam werden, lernt man sich selbst kennen."*
>
> Jürgen Strube

Peter Senge, der Nestor der Lernenden Organisation, hat auch den Begriff „Personal Mastery" geprägt. Er beschreibt ihn als einen Weg der eigenen Persönlichkeitsentwicklung – der kontinuierlichen Klärung und Vertiefung der persönlichen Vision. Personal Mastery ist die Quelle der eigenen Kreativität, durch die in unterschiedlichen Situationen adäquat und angemessen gehandelt werden kann. Um diese Qualität zu entwickeln, ist es hilfreich, diesen Aspekt als einen Lebensbereich zu erleben, der ständige Übung braucht. Wie ein Musikinstrument, mit dem ich ohne es zuvor zu stimmen nicht den richtigen Ton treffen kann, oder wie ein Forschungsinstrument, mit dem ich ohne es zu tarieren oder zu kalibrieren keine korrekte Messungen machen kann, bedarf auch die eigene Persönlichkeit immer wieder Anregungen, Training und Übung.

In dem von ihm skizzierten Schulungsweg hat der Gründer der Anthroposophie, Rudolf Steiner, die sogenannten „Nebenübungen" als Basis einer spirituellen Entwicklung zusammengestellt.[34] Sie enthalten Anhaltspunkte für die Entwicklung eines tieferen Denkens, eines Herzdenkens als eine Art Verbindung von lebendigem Denken und bewusstem Empfinden. Dadurch können sie eine wertvolle Inspiration zur Entwicklung der Grundlagen von Personal Mastery werden. Sie helfen dabei, den Käfig des Gedachten zu öffnen, das Bewusstsein zu fokussieren, Gelassenheit zu wahren, tiefer hineinzufühlen, eine positive Grundhaltung zu pflegen, der Welt unvoreingenommen zu begegnen und schließlich das, was notwendig ist, zu erkennen und zu ergreifen.

---

34 Vgl. vor allem *Wie erlangt man Erkenntnisse der höheren Welten?*

Gedankenkontrolle

Bei dieser Übung geht es darum, dass man täglich für eine kurze Zeit – mindestens eine Minute – seine Gedanken bewusst fokussiert. Im Alltag zieht für gewöhnlich alles Mögliche durch unsere Gedanken- und Gefühlswelt. Es geschieht doch für gewöhnlich recht selten, dass wir innerlich zur Ruhe kommen. Unser Inneres redet ständig auf uns ein. Bei dieser Übung lassen wir im ersten Schritt Ruhe in unseren Gedankenlauf eintreten. Im zweiten Schritt stellen wir einen bestimmten Begriff ins Zentrum unserer Aufmerksamkeit und knüpfen hierauf selbst alle Gedanken logisch so zusammen, dass sie sich genau an diesen Begriff *anlehnen*.

Beispiel: Ich stelle mir ein Streichholz vor und denke an alles, was zur Idee des Streichholzes dazu gehört. Oder ich stelle mir einen transparenten Würfel vor und bewege ihn in meinem Vorstellungsraum vor mich hin, dabei stelle ich mir die Gestalt und das Bild, was sich ergibt, so konkret wie möglich vor.

Im Gespräch: Ich folge den Gedanken meines Gesprächspartners mit besonderer Bewusstheit. Bei meinen eigenen Beiträgen achte ich besonders auf eine klare Gedankenführung. Als Motto kann hier gelten: „Besonders im Bewusstsein behalten, dass man immer für die anderen spricht".[35]

Bewusstsein für die Initiative des Handelns

oder bewusst Handeln lernen heißt, dass man bewusst und absichtlich Handlungen durchführt. Es können auch unbedeutende, kleine Akte sein; wichtig ist, dass der Handlungsimpuls ganz der eigenen Initiative entspringt und aus einer selbst auferlegten Pflicht entstammt. Die allermeisten Ursachen für unser Handeln liegen in familiären Verhältnissen, in der Erziehung, im Beruf begründet. Wirklich aus der eigenen Initiative geht dagegen in der Regel kaum etwas hervor. Für die Übung verwendet man für einen gewissen Zeitraum relativ kurze Zeit darauf, regelmäßig Handlungen aus der eigenen Initiative hervorgehen zu lassen.

Ein Beispiel kann sein: Ich berühre nach dem Aufstehen meine linke Wade mit dem Spann des rechten Fußes und umgekehrt.

---

35 Floride, 2005, S. 57

Im Gespräch: Den richtigen Moment erspüren, in dem das Reden sinnvoll ist. Nicht unkontrolliert drauflosreden. Wenn man ein starkes Redebedürfnis verspürt, erlaubt einem diese Fähigkeit auch, einmal bewusst nicht gleich zu sprechen, sondern das Unausgegorene noch reifen zu lassen und es dann zur richtigen Zeit klarer darzustellen.

Innere Ruhe, Gelassenheit, Ausgeglichenheit
Die dritte Nebenübung weist auf die innere Gelassenheit. Hier lernen wir den Zustand des Hin- und Herschwankens zwischen „himmelhoch jauchzend" und „zu Tode betrübt" zu regulieren. „Man wird für die Freuden und Leiden in der Welt erst dann richtig empfänglich, wenn man sich nicht mehr verliert im Schmerz und in der Lust, wenn man nicht mehr egoistisch darin aufgeht. Die größten Künstler haben gerade durch diese Gelassenheit am meisten erreicht, weil sie sich dadurch die Seele aufgeschlossen haben für subtile und innere wichtige Dinge", so Steiner.

Beispiel: Für einen gewissen Zeitraum (etwa einen Monat) achte ich darauf, das ich gelassen bleibe, egal was mir für freudvolle oder leidvolle Dinge im Leben zustoßen.

Im Gespräch: Beim Reden, aber auch beim Zuhören eine Beziehung zwischen Kopf und Herz, zwischen dem Denken und den Emotionen herstellen. Empfinde ich bei einem Beitrag nichts, so versuche ich bewusst hineinzuspüren. Sind meine Empfindungen im Dialog hingegen stark berührt, versuche ich diese bewusst wahrzunehmen und zu realisieren, aber mich nicht von Ihnen unkontrolliert forttragen zu lassen.

Unbefangenheit (Positivität)
Das Vierte ist, was man als Unbefangenheit bezeichnen kann. Es ist diejenige Eigenschaft, die in allen Dingen das Gute sieht. Sind wir in dieser Stimmung, dann suchen wir in allen Dingen die positiven Eigenschaften – und die können wir überall finden. Ganz nach dem Gesetz „die Energie folgt der Aufmerksamkeit" legen wir so die Basis für fruchtbares Denken und für eine positive Entwicklung auch unserer Mitwelt. „Die Qualität der Aufmerksamkeit, die wir

in eine Situation einbringen, bedingt die Art, wie Wirklichkeit entsteht", sagt Otto Scharmer.

Im Gespräch: Ich schule mich in der Wahrnehmung der positiven Aspekte der Gesprächsbeiträge.

Unvoreingenommenheit
Man soll sich in seinem Urteil nicht durch seine Vergangenheit die Zukunft bestimmen lassen. Es ist wichtig, jedem neuen Erleben Platz einzuräumen und mit Unvoreingenommenheit zu begegnen. Das erfordert viel Bewusstheit.

Beispiel: Wenn bei einem Lehrer einer der Schüler etwa sagt: „Ich habe genau diese Prüfungsfrage gestern schon geträumt", wäre wahrscheinlich die Antwort: „Das kann nicht sein." Stattdessen sollte man so weit gehen, dass man jedes in der Welt Geschehende, das einem entgegentritt, zunächst einfach annehmen kann: „Wieso eigentlich nicht?" Dadurch macht man sich frei für neue Erfahrungen, Perspektiven und Sichtweisen und es wird möglich, neue Denkmuster zu kreieren.

Im Gespräch: Offen sein für neue Aspekte im Gespräch. Vorurteile und Vorstellungen („ach, das kenne ich schon" oder „na klar, der schon wieder") beenden den Prozess der Dialogischen Intelligenz. Das unvoreingenommene Annehmen dessen, was mir entgegenkommt, öffnet mich für neue Einsichten und Erfahrungen.

Inneres Gleichgewicht
Nach dem abwechselnden Üben bilden sich die fünf anderen Eigenschaften nach und nach ganz von selbst heraus. Dadurch entwickelt sich die Grundlage für eine „Dialogische Intelligenz". Es entsteht ein Sich-öffnen im Denken, Fühlen und Wollen für das, was ansteht, ein Sinn für das Fruchtbare, das kommen will.

Dialogische Intelligenz – ein Ausblick

Dialogische Intelligenz kann im Dialog miteinander gelernt, entwickelt und vertieft werden: im konkreten, praktischen Dialog, nicht im theoretischen Studium. Jeder bringt ein eigenes Potential zum Denken, Sprechen und Zuhören, zur Reflexion und zur Beziehung mit. Diese Fähigkeiten zu vertiefen ist eine Lebensaufgabe. Eine Aufgabe, die in Beziehung und Gemeinschaft gelöst werden kann und zugleich die Gemeinschaft stärkt und entwickelt – die an Schwierigkeiten nicht scheitern muss, sondern sich gerade daran weiter entwickeln kann.

Dialogische Intelligenz zu entwickeln, bedeutet auch, den eigenen Blick zu weiten, fähig zu sein, die Blickrichtung zu wechseln und Probleme, Themen, Konflikte aus anderen Perspektiven als der eigenen sehen zu können. Solange ein Begriff wie „Putinversteher" die Chance hat, als Disqualifizierung zu gelten und in zentralen Medien in diesem Sinne verwendet zu werden, haben weite Teile der Gesellschaft offenbar noch nicht wahrgenommen, dass zur Lösung eines jeden Konfliktes die Fähigkeit, das Gegenüber zu verstehen, – seine Motive, Beweggründe und Ängste – Voraussetzung ist. Dies bedeutet eben nicht, den eigenen Standpunkt aufzugeben, wie offenbar schnell befürchtet wird. *Dialogische Intelligenz* kann sich deshalb eher dort entwickeln, wo solche Ängste keinen Raum haben. In einem Raum, der auf einem sicheren Boden gebaut wurde, wo ein vertrauensvolles Verständnis für die Unterschiedlichkeit aller Anwesenden gewachsen ist. Wo diese Verschiedenheit gerade als das Potential erkannt werden kann, das Lebendigkeit ermöglicht und neue Einsichten unterstützt.

Dialogische Intelligenz wächst dort, wo Menschen sich nicht von vorgegebenen Strukturen und Erwartungen einengen lassen. Wo sie nicht in erster Linie etwas „richtig" machen wollen, sondern sich auf die Suche begeben. Wo sie sich trauen, sich nicht mit vorgeschlagenen Wegen und vorgegebenen Lösungen zufrieden zu geben, wo sie ihr eigenes Denken, ihre eigenen Gefühle, Wahrnehmungen und Visionen wichtiger nehmen als gesellschaftliche Kon-

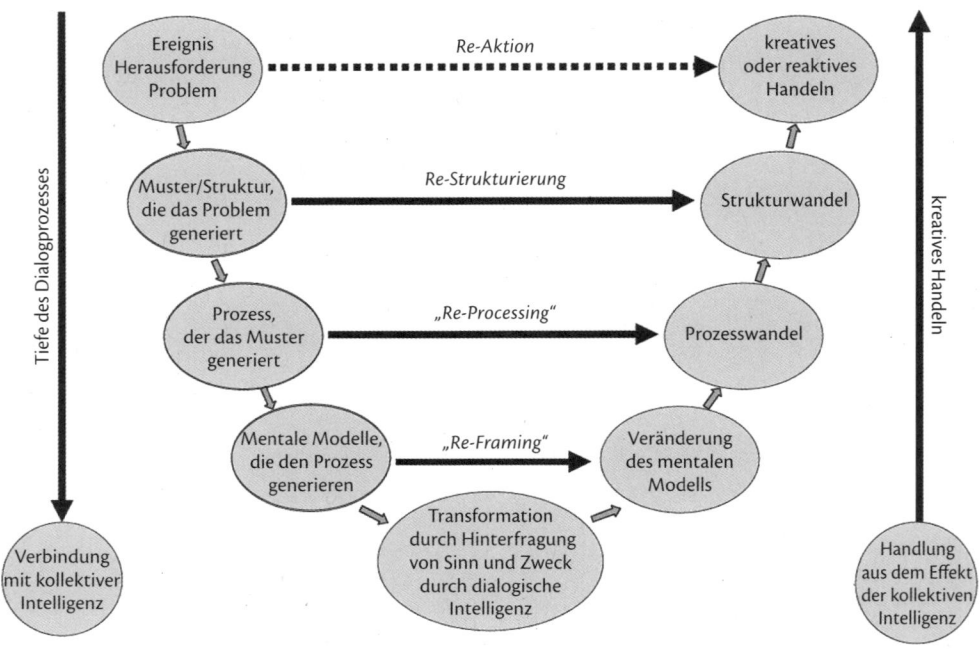

Durch das U zur Dialogischen Intelligenz (angeregt durch den U-Prozess von Otto Scharmer)

ventionen. Und wo sie auch wagen, gegen das „Gebot des Gehorsams" (Arno Gruen) zu verstoßen und stattdessen ihr Interesse aneinander und Mitgefühl füreinander entwickeln.

Die Praxis des Dialogs kann die Entstehung von Denkräumen ermöglichen, in denen Gedanken entstehen und zunächst umherschweifen können, durchaus ziellos. Die Vereinbarung heißt, in die Mitte zu sprechen, nicht schnell und direkt zu antworten, ja, sich nicht einmal direkt aufeinander zu beziehen. Die entstehenden Freiräume lassen mehr Selbstwahrnehmung und -reflexion zu als es im üblichen schnellen Hin und Her möglich ist, ja können durch zusätzlich vereinbarte Verlangsamung eine Chance für Zwischenraum und Abstand erschließen – was zugleich niemandem den persönlichen Prozess durch das Nadelöhr seiner eigenen Entwicklung erspart, das Eintauchen in die Tiefe der eigenen Abgründe und Auftauchen zu neuen Ufern (siehe auch den *U-Prozess* nach Otto Scharmer).

Die Entwicklung *dialogischer Intelligenz* ist auf ständige dialogische Praxis angewiesen, braucht Räume der Zuwendung, des Zuhörens, der Verlangsamung, auch der Stille. Im Erleben des gemeinsamen Suchens, der Verbundenheit in aller Verschiedenheit kann sich die Magie des Dialogs offenbaren und im gemeinsamen dialogischen Feld kann eine neue Kraft wirksam werden, die im Zwischenraum, in der Beziehung auftaucht. Im gemeinsam gebildeten Feld tauchen Gedanken, Worte, Metaphern auf, die vom einzelnen alleine nicht gedacht worden wären, nicht hätten gedacht werden können.

Wir sehen die Welt aus eigenen, einzigartig verschiedenen Perspektiven. Unvermeidlich. Grundsätzliche Spannungen und Paradoxien sind bereits in der Dynamik angelegt, die Fritz Riemann in seinem Buch „Grundformen der Angst" beschreibt. Das Streben nach *Dauer* – gründet auf Struktur, Ordnung, Stabilität, Verlässlichkeit – widerspricht diametral dem ebenfalls existentiellen Streben nach *Wechsel* – durch Spontaneität, Kreativität, Wandel und Veränderung. Ähnlich bei der Polarität zwischen *Nähe*-orientierten Menschen – was mit Kontaktfreude, Zugehörigkeitsstreben und Harmoniewünschen einhergeht – und eher *Distanz*-orientierten Menschen – deren Unabhängigkeitsbedarf, Ruhewunsch und Rückzugsbedarf ein ganz anderer ist.

Diese Spannungen auszuhalten erfordert bereits viel Aufmerksamkeit. Entdecken wir den Gegenpol in einem anderen Menschen, so bedarf es offener Zugewandtheit und echten Interesses, diese Andersartigkeit als Bereicherung zu erleben und nicht als Bedrohung, die wir lieber abwehren als erkunden möchten, weil wir eigene Schatten, verdrängte Ängste auf jemand anderen projizieren und wo unser Ego deshalb glaubt, gegen andere kämpfen zu müssen. Ebenso hinderlich können Vergoldungen von Eigenschaften in anderen sein, die unser Interesse blockieren und gemeinsame Erforschungen verhindern.

Dialogische Intelligenz kann zwischen Menschen entstehen, die ihre ganz eigenen Sichtweisen, ihre persönlichen Perspektiven, ihre unterschiedlichen Realitäten anerkennen und dabei gleichzeitig einander zugewandt bleiben. Die keine Vereinheitlichung anstreben, wo Unterschiede existieren.

Gerade das Aushalten der Widersprüche ermöglicht einen Raum, in dem neue Einsichten, nie zuvor gedachte Gedanken, Fragen, Metaphern auftauchen können. Denn dazu braucht es Kraft, Aufmerksamkeit, Spannung. Eine kreative Spannung innerhalb eines Individuums liegt zwischen dem Gewordensein und der visionären Kraft dessen, was werden kann, werden will. Wir brauchen diese Spannung als eigenen Entwicklungsmotor, der unsere Potential-Entfaltung unterstützt. Es sei denn, die Spannungsunterschiede sind so groß, so dass wir an Burn-out oder Depressionen erkranken, weil sich nicht alle Möglichkeiten realisieren lassen (oder wir nicht die ganze Welt retten können).

Dialogische Intelligenz kann als eine fruchtbare Gestaltung von Denkbeziehungen verstanden werden, kann neue Muster von Kreativität gestalten und uns das gemeinsame Feld erschließen, an dem wir alle teilhaben.

Es ist dieser Raum dazwischen, aus dem Neues aufsteigt. Die Spannung, die zwischen ich und du, ich und wir entsteht, wenn das Interesse aneinander tragfähige Beziehungen ermöglicht. Desinteressiertes Nebeneinander dagegen enthält keine Spannungskraft, lässt nichts Neues aufkeimen. So braucht es beides: entwickelte Individualitäten als Spannungspole, die stark genug sein müssen, um die Spannungsunterschiede und Differenzen auszuhalten und ein tragfähiges Beziehungsnetz zu bilden sowie eine soziale Skulptur, die den Individualisierungskräften gegenüber standhält, aus denen sie zugleich entstanden ist. Dann hat *dialogische Intelligenz* eine Chance, sich zu entwickeln.

Dialogische Intelligenz entbehrt nicht einer gewissen Brisanz, denn wo aus dem gemeinsamen Denken Neues entsteht, werden alte Strukturen nicht nur in Frage gestellt, sie werden verwandelt. Dort wo die *dialogische Intelligenz* beginnt lebenspraktisch zu werden, verwandelt sie die Kultur bis ins Alltägliche, bis in die Bildung, bis in die Ernährung, bis in die Ökonomie und die Beziehungskultur.

Dialogische Intelligenz entsteht in einem kreativen Feld, das die Denkpotenz des einzelnen zu optimaler Entfaltung bringen kann. Gedanken entstehen aus Ahnungen, vibrieren an der Grenze bisheriger Erfahrungen und sondieren gewissermaßen das Ahnungsdepot der Anderen. Durch dieses Fließen von neuem Sinn können neue Bedeutungen erahnt, erschaffen werden. Dieser kreative, schöpferische Akt erfordert aber zugleich eine persönliche Verantwortung für das, was wir gedanklich konstruieren.

Das *Feld* des Dialogs unterscheidet sich von dem Erwartungsfeld des Alltags mit seinen Konventionen. Der Aufforderungscharakter im dialogischen Raum lädt mit einer grundsätzlich offenen Geste ein, gibt aber keine Richtung vor. Er entspricht nicht dem linearen Ursache-Wirkungs-Prinzip. Er eröffnet die Möglichkeit, durch eine veränderte Weltsicht ein neues Weltbild zu schaffen, das auch unser Selbstbild verändern kann.

Dialogische Intelligenz gedeiht in einem Feld der Ermutigung und stärkt gleichzeitig den suchenden Geist durch Positivität, durch das bewusste Wahrnehmen von Quellen, Potentialen und Visionen. Gedanken werden zu Ressourcen. Gerade in pädagogischen Prozessen liegen hinter dem scheinbar Falschen die Keime des Neuen, Weiterführenden, Entwicklungsfähigen. Es braucht das dialogische Feld, um ihre Keimfähigkeit zu entwickeln, um von dem Potential *dialogischer Intelligenz* zu profitieren.

> Bei uns auf dem CSA Hof Pente entwickelt sich daraus die Gemeinschaftsgetragene Landwirtschaft und die Handlungspädagogik.
>
> www.dialogprojekt.de | www.hofpente.de

Danke!

An alle, die uns auf unserem Dialogweg begegnet sind, uns unterstützt oder widersprochen haben, mit uns gezweifelt, gesucht, gefragt und gedacht haben. Dialog braucht das Gegenüber, das Interesse, das Aushalten von Problemen und Andersartigkeit.

„*Wenn Ihr glaubt, ich hätte etwas Tiefsinniges enthüllt, bitte ich um Verzeihung; falls Ihr glaubt, dies sei eine Menge Unsinn, erfreut Euch daran!*"

Drukpa Künleg

... und die Kiste wird dir zum Sarg

Grenz' mich ab und eng' mich ein, und du hungerst dich selber aus.
Nagle mich in eine Kiste kalter Wörter, und die Kiste wird dir zum Sarg.
Ich weiß nicht, wer ich bin.
Ich bin in erstaunlich klarer Verwirrung.
Ich bin kein Christ, ich bin kein Jude,
Ich bin kein Anhänger Zarathustras,
Ich bin nicht einmal Mohammedaner.
Ich gehöre nicht dem Land an, noch einer bekannten oder
unbekannten See.
Weder kann die Natur Anspruch auf mich erheben, noch der Himmel,
Noch Indien, China, Bulgarien,
Mein Geburtsort ist die Ortslosigkeit,
Mein Zeichen ist, weder Zeichen zu haben, noch zu geben.
Du sagst, du siehst meinen Mund, meine Ohren, Augen, meine Nase --
Sie gehören mir nicht.
Ich bin das Leben des Lebens.
Ich bin die Katze dort, der Stein hier, nicht eins.
Ich habe die Zweiheit weggeworfen wie einen alten Spüllappen.
Ich sehe und kenne alle Zeiten und Welten
Als eins, eins immer eins.
Was also muss ich tun, damit du zugibst, wer spricht?
Gib`s zu und verändere alles!
Dies ist deine Stimme, die an Wänden Gottes widerhallt.

Rumi

Ein Tag der Freude und der Hoffnung für den Dialog

Zur Verleihung des Friedensnobelpreises 2015 an das Dialog-Quartett in Tunesien

In diesem Jahr steht der *Dialog* im Rampenlicht der Öffentlichkeit, denn am Freitag, den 9. Oktober 2015, wurde in Oslo der Dialogprozess als ein wesentlicher Grundwert des menschlichen Zusammenlebens ausgezeichnet. Durch die Auszeichnung des Dialogprozesses in Tunesien mit dem Friedensnobelpreis kann gleichzeitig auch ein wesentliches Element unserer Kultur in die Welt ausstrahlen. Es ist höchste Zeit, alle Menschen, insbesondere diejenigen, die in der Politik Verantwortung tragen, daran zu erinnern, wie wichtig der Dialog als nachhaltige Grundlage der menschlichen Verständigung ist. Er zeichnet sich durch seine Offenheit aus und stellt die sich verändernde Qualität und Kraft des Zuhörens in den Mittelpunkt. Dieser Dialog, der unter anderem von David Bohm inspiriert worden ist, lässt die jeweiligen Unterschiede in den Meinungen der Menschen kreativ und lösungsorientiert wirken. Für diese Qualität haben sich die Tunesier entschieden und ein Dialog-Quartett gebildet. Es besteht aus:
- dem Gewerkschaftsbund (Tunesischer Allgemeiner Arbeiterbund, UGTT),
- der Arbeitgebervereinigung (Tunesische Union für Industrie, Handel und Handwerk),
- der Tunesischen Liga für Menschenrechte und
- der Nationalen Anwaltskammer von Tunesien.

Ihnen wurde der diesjährige Friedensnobelpreis für den Dialogprozess verliehen. Der Präsident des norwegischen Nobelkomitees

Kaci Kullmann Five sagte in Oslo: „Mehr als alles andere soll dieser Preis eine Ermutigung für die Menschen in Tunesien sein, die trotz der großen Herausforderungen die Grundlagen für einen nationalen Zusammenhalt geschaffen haben." Diese Auszeichnung solle aber auch in der Welt deutlich machen, dass der Dialogprozess ein Beispiel sein könne, dem andere Länder folgen.

In der Tat ist es gelungen, durch dieses Dialogkonzept in Tunesien eine außergewöhnliche dialogische Intelligenz zu nutzen und damit die sich anbahnende Krise noch zum richtigen Zeitpunkt zu transformieren. Wichtig ist nun, dass diese unterschiedlichen Stimmen im Dialog bleiben und dass dieser Prozess eine dauerhafte nationale Institution wird und gegebenenfalls einen Verfassungsrang bekommt, wenn es die nationale Situation erfordert. Eine solche Institution könnte als dialogischer Regulator des politischen und sozialen Gleichgewichts verhindern, dass die Gesellschaft auseinanderdriftet und das soziale Gleichgewicht aus den Fugen gerät. Die vier Repräsentanten des nationalen Dialog-Quartetts genießen für diesen Prozess das Vertrauen der weit überwiegenden Mehrheit der Zivilgesellschaft. Uns war klar, dass in diesem Verfahren ohne eine breite Vertretung aller Menschen der Dialog scheitern würde. Und dies ist ein wichtiger Punkt, bei dem wir gegenseitig unsere Erfahrungen austauschen müssen. D.h. wir denken daran, durch weitere europäische Projekte diesen Austausch und das Training von Dialogprozessbegleitern zu intensivieren und auf eine breitere, solidere Basis zu stellen.

Nur die praktischen Erfahrungen des Dialoges haben es Tunesien ersparen können, in eine unmittelbar bevorstehende politische Katastrophe zu geraten. Die politischen Morde, die Auseinandersetzung zwischen den vielen nationalen Gruppierungen, die auch den Rücktritt der Regierung forderten und auf dem Wege waren, die verfassungsgebende Versammlung aufzulösen, all das hätte in eine nationale Katastrophe münden können. Die Spannungen waren so zugespitzt, dass es nur eines Funkens bedurft hätte, um einen Bürgerkrieg auszulösen.

Dank der Initiative der tunesischen Gewerkschaften, die sich für die Organisation eines konkreten Dialogs zwischen Regierungsparteien und Opposition auf nationaler Ebene einsetzten und der Etablierung einer nationalen Schirmherrschaft durch das Dialog-Quartett konnte diese gefährliche Situation entschärft werden. Am 17. September 2013 gelang es durch diesen Prozess in einer gemeinsamen Vereinbarung einen Kompromiss zu finden und konkrete Verhandlungen aufzunehmen. Diese Regelungen wurden von 21 Parteien und Gruppierungen unterschiedlicher Macht- und Oppositionsgruppen akzeptiert, die damit für einen Prozess der politischen Stabilität und des sozialen Friedens gewonnen wurden. Wir sehen nun, dass dieses „dialogische Bewusstsein" viele Dinge in unserem Land verbessert hat. Es hat sich ein Bewusstsein dafür entwickelt, dass es notwendig und nützlich ist, die ideologischen Unterschiede in der Gesellschaft anzuerkennen. Dieser Erkenntnisprozess beruht auf der Ethik des Dialogs und einer breiten Übereinstimmung unter dem Primat nationaler Interessen. Diese Dialog-Erfahrung hat verhindert, dass ein ganzes Land in einen Bürgerkrieg versunken ist. Und dieses Ergebnis ist es auch, welches das Nobelpreiskomitee in Oslo zur Preisverleihung bewogen hat.

Dieser Friedensnobelpreis ist aber auch eine Ehrung für alle, die auf der ganzen Welt an einer Kultur des Dialogs arbeiten. In diesem Zusammenhang möchten wir vor allem die Bemühungen des „European Network for Dialogue Facilitation", das „Institut Dialog Transnational" und das „Deutsche Institut für Dialogprozess-Begleitung" der Adolf-Reichwein-Gesellschaft e.V. erwähnen. Die Arbeit dieser Institute ist auch international ausgerichtet, um Dialogprozess-Begleiter mit den notwendigen Qualifikationen zu versehen.

Bei dieser Gelegenheit möchte ich es nicht versäumen, die Dialogpartner und die tunesische Regierung aufzufordern, ein Projekt der vertieften Zusammenarbeit zwischen tunesischen Instituten und Universitäten sowie dem deutschen Dialogprojekt zur Vermittlung von Dialogqualifikationen zu unterstützen. Ein Schritt auf diesem Wege der intensiveren Zusammenarbeit wird vom „Institut Dialog Transnational" Berlin/Chemnitz sowie dem European Network for Dialogue Facilitation, Berlin vorbereitet und in Zusammenarbeit mit den NGOs der tunesischen Zivilgesellschaft und dem Hochschulinstitut für Geisteswissenschaften in Medénine (ISSHM/Universität Gabés) entwickelt. Es wird auch die Zusammenarbeit von Forschern verschiedener Hochschulen fördern. In diesem Kontext arbeiten wir derzeit an einer Kooperation zwischen dem „European Network for Dialogue Facilitation" Berlin und dem Hochschulinstitut für Geisteswissenschaften in Médenine (Tunesien) an einem gemeinsamen Dialog-Ausbildungsprojekt. Das wird uns ermöglichen, gemeinsame Seminare, wissenschaftliche Konferenzen und Tagungen sowie Ausbildungen für die Weiterentwicklung des Dialogansatzes zu entwerfen.

Dieses Buch von Martina, Tobias und Johannes Hartkemeyer mit dem Titel „Dialogische Intelligenz: Aus dem Käfig des Gedachten in den Kosmos gemeinsamen Denkens" wird eine Bereicherung auf dem Wege der gemeinsamen Entwicklung einer dialogischen Ethik und der Verbreitung dieses Ansatzes auf internationaler Ebene darstellen. Deshalb wollen wir die Zusammenarbeit mit den genannten Instituten fortsetzen, die es uns ermöglichen, das Buch ins Arabische und Französische zu übersetzen. Dies wird Dialoginteressierten künftig den Zugang zu diesen wegweisenden Ideen erleichtern.

Mohamed Adel Mtimet
Hochschullehrer an der Universität Gabés
Wissenschaftlicher Beirat des *institut dialog transnational*,
Berlin/Chemnitz

Literatur

ARNOLD, ROLF: Seit wann haben Sie das? Grundlinien eines Emotionalen Konstruktivismus. Carl-Auer-Systeme Verlag, Heidelberg, 2009

BALDWIN, CHRISTINA & LINNEA, ANN: Circle: Die Kraft des Kreises. Beltz, Weinheim & Basel, 2014.

BALLREICH, RUDI: Problemlösen im Dialog. In: Zeitschrift für Fragen sozialer Gestaltung. Bern. H. 4. 2000. S. 3-62

BAR-ON, DAN: Die „Anderen" in Uns. Dialog als Modell der interkulturellen Konfliktbewältigung. Edition Körber-Stiftung, Hamburg, 2001.
Die Last des Schweigens. Gespräche mit Kindern von NS-Opfern. Edition Körber-Stiftung, Hamburg, 2003.

BENESCH, MICHAEL: Die Psychologie des Dialogs. UTB, Stuttgart, 1. Aufl. 2011

BOHM, DAVID: Der Dialog. Hrsg. LEE NICHOL, Klett-Cotta, Stuttgart, 3. Aufl. 2002.

BOHM, DAVID, DONALD FACTOR & PETER GARRETT: Dialogue – A Proposal, 1991 (dt.: HELGA PFETSCH, www.dialogprojekt.de).

BRÖCKERS, MATHIAS, SCHREYER, PAUL: Wir sind die Guten, Ansichten eines Putinverstehers oder wie uns die Medien manipulieren. Westend, Frankfurt/M, 2. Aufl. 2014.

BUBER, MARTIN: Das dialogische Prinzip. Lambert Schneider, Gerlingen. 7. Aufl. 1994.
Reden über Erziehung. Lambert Schneider, Gerlingen. 9. Aufl. 1998.

BUROW, OLAF-AXEL: Ich bin gut – wir sind besser: Erfolgsmodelle kreativer Gruppen. Klett-Cotta, Stuttgart. 2000.

CIOMPI, LUC: Die emotionalen Grundlagen des Denkens. Entwurf einer fraktalen Affektlogik. Vandenhoeck & Ruprecht, Göttingen, 2. Aufl. 1999

CIOMPI, LUC & ENDERT, ELKE: Gefühle machen Geschichte: Die Wirkung kollektiver Emotionen—von Hitler bis Obama. Vandenhoek & Ruprecht, Göttingen, 2011.

COHN, RUTH C.: Von der Psychoanalyse zur themenzentrierten Interaktion. Von der Behandlung einzelner zu einer Pädagogik für alle. Klett-Cotta, Stuttgart, 1975.
Verantworte Dein Tun und dein Lassen – persönlich und gesellschaftlich. Offener Brief an Günter Hoppe. Themenzentrierte Interaktion 8. Jahrgang, Heft 2, (1994).

DIETZ, KARL MARTIN: Dialog. Die Kunst der Zusammenarbeit. Menon, Heidelberg 1998, 4. Auflage, 2014.
Jeder Mensch ein Unternehmer. Grundzüge einer dialogischen Kultur. Universitätsverlag Karlsruhe. Schriften des Interfakultativen Instituts für Entrepreneurship (IEP) der Universität Karlsruhe (TH) Bd. 18, Karlsruhe, 2008.
Muss ich alles toll finden? Wege zu einer Kultur der Positivität, S. 89-100. In: Die Drei, 6/2015, Frankfurt a.M., 2015.

EHMER, SUSANNE: Dialog in Organisationen. Praxis und Nutzen in der Organisationsentwicklung. Kassel University Press, Kassel, 2004.

ELLINOR, LINDA & GLENNA GERARD: Der Dialog im Unternehmen. Inspiration, Kreativität, Verantwortung. Klett-Cotta, Stuttgart, 2000.

ENCYCLOPEDIA BRITANNICA DIGITAL. Britannica Co. UK, 2002.

FERRUCCI, PIERO: Werde was du bist. Selbstverwirklichung durch Psychosynthese. Reinbek bei Hamburg. 1999.

FOUCAULT, MICHAEL: Die Ordnung des Diskurses (Forum Wissenschaft) Fischer Taschenbuch; (1991)

FRANKL, VICTOR: ...trotzdem ja zum Leben sagen. Ein Psychologe erlebt das Konzentrationslager. 3. Auflage, Kösel, München, 2012.

FLORIDE, ATHYS in: Rudolf Steiner – Das Ätherherz und die sechs «Nebenübungen» – Mit Beiträgen von Athys Floride und Maurice Le Guerrannic. Triskel Verlag, 2005.

FRICKE, WERNER: Herausgeber, Aktionsforschung und industrielle Demokratie, Bonn, 1997.

FROMM, ERICH: Die Kunst des Liebens. Ullstein, Frankfurt am Main, 1977.

GADAMER, HANS-GEORG: Wahrheit und Methode, Handbuch einer philosophischen Hermeneutik. Mohr (Siebeck), Tübingen, 1990.

GOODWIN, BRIAN: How the Leopard Changed its Spots: The Evolution of Complexity, Scribner, 1994.

GRUEN, ARNO: Wider den Gehorsam. Klett-Cotta, Stuttgart, 4.Aufl. 2014

HABERMAS, JÜRGEN: Theorie des kommunikativen Handelns Suhrkamp Verlag; Auflage: 8. (2011)

HAFIZ: Die Liebe erleuchtet den Himmel - Ilserose Vollweider - Benziger (2002)

HÄNSEL, MARKUS: Intuition als Beratungskompetenz in Organisationen. Dissertation, Medizinische Fakultät, Universität Heidelberg, 2001.

HARTKEMEYER, MARTINA & SCHÜTTE, MARGRET: Von Prärieindianern, Räuberkindern und einer glücklichen Kindheit: Anregungen für Eltern, Großeltern, Onkel und Tanten. Arbor, Freiburg i.B., 2013.

HARTKEMEYER, MARTINA u. JOHANNES F. & L. FREEMAN DHORITY: Miteinander Denken. Das Geheimnis des Dialogs. Klett-Cotta, Stuttgart, 1998.

HARTKEMEYER, MARTINA: Verstehen verändert – Oder: Warum überhaupt Dialog? In: Dialog gestalten, Kommunikation im pädagogischen Kontext, FÖRSTER, CHARIS; HAMMES-DI BERNADO, EVA; WÜNSCHE, MICHAEL (Hrsg.) pfv Fachverband für Kindheit und Bildung, Verlag das netz, Weimar, Berlin 2012, S. 24-36

HARTKEMEYER, JOHANNES F. & MARTINA: Die Kunst des Dialogs – Kreative Kommunikation entdecken. Klett-Cotta, Stuttgart, 2005.

HARTKEMEYER, TOBIAS; GUTTENHÖFER, PETER & SCHULZE, MANFRED: Das pflügende Klassenzimmer – Handlungspädagogik und Gemeinschaftsgetragene Landwirtschaft. Oekom Verlag, 2014.

HÜTHER, GERALD: Kommunale Intelligenz. Potenzialentfaltung in Städten und Gemeinden. Edition Körber Stiftung, Hamburg, 2013.

ISAACS, WILLIAM: Dialogue and the Art of Thinking Together. A Pioneering Approach to Communicating in Business and in Life. Doubleday Currency, New York, 1999.

JÜRGS, MICHAEL: Der kleine Frieden im Großen Krieg, Westfront 1914: Als Deutsche, Franzosen und Briten gemeinsam Weihnachten feierten. Bertelsmann, München, 2003.

JUUL, JESPER: Das kompetente Kind. Rowohlt, Reinbek bei Hamburg, 1997.

KAST, VERENA: Der Schatten in uns. Die subversive Lebenskraft. Walter, Düsseldorf, Zürich, 1999.

KAZEPIDES, TASOS: Education as Dialogue, Its Prerequisites and its Enemies, Mc-Gill-Queen`s University Press, Montreal & Kingston, London, Ithaca 2010

KRAMER, GREGORY: Einsichts-Dialog . Weisheit und Mitgefühl durch Meditation im Dialog. Arbor, Freiamt im Schwarzwald, 2009.

MANDL, CHRISTOPH; HAUSER, MARKUS; MANDL, HANNA: Die schöpferische Besprechung. Kunst und Praxis des Dialogs in Organisationen. EHP Verlag Andreas Kohlhage, Bergisch Gladbach, 2008.

MATOBA, KAZUMA: Dialogkompetenz für transkulturelle Kommunikation: Neuer Versuch des Theorieaufbaus für interkulturelles Kommunikationstraining. In: S. NAKAGAWA, S. SLIVENSKY, M. SUGITANI (Hrsg.): Pädagogische Interaktion und interkulturelles Lernen im Deutschunterricht. Studien Verlag, Innsbruck, 2002, S. 220–234.

MATURANA, HUMBERTO: Was ist Erkennen. München. 1994.

MATURANA, HUMBERTO, VARELA, FRANSISCO J.: Der Baum der Erkenntnis. Wie wir die Welt durch unsere Wahrnehmung erschaffen – die biologischen Wurzeln des menschlichen Erkennens. Bern, München, Wien. 1987.

METTLER VON MEIBOOM, BARBARA: Die kommunikative Kraft der Liebe. Via nova, Petersberg, 2000.
Wertschätzung. Wege zum Frieden mit der inneren und äußeren Natur. Kösel, München, 2006.

MINDELL, ARNOLD UND AMY.: Das Pferd rückwärts reiten. Prozessarbeit in Theorie und Praxis. Petersberg. 1997.

MORIN, EDGAR: Die sieben Fundamente des Wissens für eine Erziehung der Zukunft. Krämer Verlag, Hamburg, 2001.

MUTH, CORNELIA: Der Andere ist der Weg. Martin Buber. Gütersloher Verlagshaus in Verlagsgruppe Random House GmbH, 2001.

PLATE, MARKUS: Grundlagen der Kommunikation, Gespräche effektiv gestalten. UTB, 2014.

RATERING, WERNER: Dialog. (Visualisierung der Kernfähigkeiten und Texte in Postkartenformat).

RAWSON, MARTYN & STÖCKLI, THOMAS: Praxisforschung in der Waldorfschule. Norderstedt, 2007.

RICHTER, HORST-EBERHARD: Die Chance des Gewissens, Erinnerungen und Assoziationen, Hoffmann und Campe, Hamburg, 1986.

RIEMANN, FRITZ: Grundformen der Angst und die Antinomien des Lebens. Ernst Reinhardt, Basel/München, 1961.

ROSENBERG, MARSHALL: Gewaltfreie Kommunikation. Junfermann, Paderborn, 2001.

ROSSI, ERNESTO: Die Psychobiologie der Seele-Körper-Heilung, Synthesis, Essen, 1991.
The Psychobiology of Gene Expression, Neuroscience and Neurogenesis in Hypnosis and the Healing Arts. Norton & Company, New York, London, 2002.

SCHARMER, C. OTTO: Theorie U: Von der Zukunft her führen: Presencing als soziale Technik. Carl-Auer-Systeme Verlag, Heidelberg, 2014.

SCHARMER, C. OTTO & KÄUFER KATRIN: Von der Zukunft her führen: Von der Egosystem- zur Ökosystem-Wirtschaft. Theorie U in der Praxis. Carl-Auer-Systeme Verlag, Heidelberg, 2014.

SCHLEHUBER, ELKE & MOLZAHN, RAINER: Die heiligen Kühe und die Wölfe des Wandels. Warum wir ohne kulturelle Kompetenz nicht mit Veränderungen klarkommen. Gabal Verlag, Offenbach, 2007.

SCHOPP, JOHANNES: Eltern stärken. Dialogische Elternseminare. Ein Leitfaden für die Praxis. Barbara Budrich, Opladen, 2005.

SCHWARZE, ANTJE: Die religiöse Dimension in interkulturellen und politischen Bildungsveranstaltungen. In: SCHMIDT-BEHLAU & SCHWARZE (2005), S. 14–23.

SEIKKULA, JAAKKO & ARNKIL, TOM ERIK: Dialoge im Netzwerk: Neue Beratungskonzepte für die psychosoziale Praxis. Paranus, Neumünster, 2007.

SENGE, PETER M.: Die fünfte Disziplin. Kunst und Praxis der lernenden Organisation. Klett-Cotta, Stuttgart, 9. Aufl. 2003.

SENGE, PETER M., ART KLEINER, CHARLOTTE ROBERTS, RICHARD B. ROSS & BRYAN J. SMITH: Das Fieldbook zur Fünften Disziplin. Klett-Cotta, Stuttgart 1996.

SIMON, FRITZ B: Gemeinsam sind wir blöd!? Die Intelligenz von Unternehmen, Managern und Märkten. Carl Auer Verlag, Heidelberg. 4., unveränd. Aufl. 2013
Meine Psychose, mein Fahrrad und ich: Zur Selbstorganisation der Verrücktheit. Auer, Heidelberg 1990; 10. Auflage 2004.

SIEBERT, HORST: Methoden für die Bildungsarbeit. Leitfaden für aktivierendes Lernen. Bertelsmann, Bielefeld, 2010.

STEINER, RUDOLF: Anweisungen für eine esoterische Schulung: Aus den Inhalten der „Esoterischen Schule". Taschenbuch, Rudolf Steiner Verlag, 2010.

STONE, HAL & SIDRA: Du bist viele. Das 100fache Selbst und seine Entdeckung durch die Voice Dialogue-Methode. Heyne, München, 1994.

STRUBE, JÜRGEN: Die Beobachtung des Denkens: Rudolf Steiners „Philosophie der Freiheit" als Weg zur Bildekräfte-Erkenntnis. Verlag für Anthroprosophie, 2011.

TODESCO, ROLF: Der Dialog im Dialog. Grin Verlag, BoD Norderstedt, o.J.

TRAITLER, REINHILD (ed.) In the Mirror of your Eyes – Report of the European Project for Interreligious Learning, EPIL, Zürich, Beirut, 2004.

VERST, HEINZ: Der Dialog – Eine soziale Kunst der Freiheit. Ein neuer Weg kommunikativen Lernens für die pädagogische, psychosoziale und therapeutische Praxis. Grin Verlag, 2010.

VITEK, BILL & JACKSON, WES: The Virtues of Ignorance. The University Press of Kentucky, Lexington Kentucky, 2008.

VOLLENWEIDER, ILSEROSE: Die Liebe erleuchtet den Himmel. Benziger Düsseldorf 2002 ZEUCH, ANDREAS (Hrsg.): Management von Nichtwissen in Unternehmen. Carl Auer Verlag, Heidelberg, 2007.

ZIMMERMANN, HEINZ: Sprechen, Zuhören, Verstehen in Erkenntnis- und Entscheidungsprozessen. Verlag Freies Geistesleben, Stuttgart, 3. Auf. 1992.

Abbildungsverzeichnis

Seite 23: Szene aus dem Irakkrieg – GIs mit einem gefangenen Iraker. (Quelle: Bundeszentrale für Politische Bildung)
Seite 25: Karikatur „Waldrand" (Quelle: unbekannt)
Seite 33: Platon (Quelle: Wikipedia)
Seite 38: Indianerkreis
Seite 41: Hans-Georg Gadamer (Quelle: Christian Humanist)
Seite 48: Edgar Morin (Quelle: Edgar Morin)
Seite 55: David Bohm (Quelle: Wikipedia)
Seite 62: Martin Buber (Quelle: Wikipedia, David B. Keidan Collection of Digital Images from the Central Zionist Archives)
Seite 71: Ruth Cohn (Foto: Ruth Cohn Institut)
Seite 76: Verena Kast (Foto: Hartkemeyer)
Seite 83: Die Ausarbeitung eines überzeugenden Konzeptes
Seite 87: Dialog-Mitte gestalten
Seite 90: Verengende Haltung der Diskussion
Seite 90: Öffnende Haltung des Dialogs
Seite 105: Fragezeichen der Bereiche des Nichtwissens (Quelle: The Virtues of Ignorance von Vitek und Jackson)
Seite 109: Brian Goodwin (Foto: Hartkemeyer)
Seite 109: Chinesisches Zeichen für Chaos
Seite 115: Moses mit den Gesetzestafeln (Gemälde von José de Ribera, 1638)
Seite 118: Lernende Haltung (Werner Ratering)
Seite 120: Radikaler Respekt (Werner Ratering)
Seite 122: Von Herzen sprechen (Werner Ratering)
Seite 124: Generatives Zuhören (Werner Ratering)
Seite 128: Suspendieren (Werner Ratering)
Seite 130: Erkunden (Werner Ratering)
Seite 132: Produktives plädieren (Werner Ratering)
Seite 135: Codex Manesse, Wolfram v. Eschenbach (Quelle: Wikimedia)

Seite 136: Offenheit (Werner Ratering)
Seite 138: Verlangsamung (Werner Ratering)
Seite 140: Bebachterin Beobachten (Werner Ratering)
Seite 143: Beziehung der dialogischen Kernfähigkeiten (Hartkemeyer)
Seite 144: Scotland Yard, Plakat ohne Text
(Quelle: Scotland Yard London)
Seite 146: Scotland Yard. Plakat mit Text
Seite 152: Jorge Reynolds (Foto: Hartkemeyer)
Seite 157: Ernest Rossi (Quelle www.ernestrossi.com)
Seite 176: Durch das U zur Dialogischen Intelligenz
(angeregt durch den U-Prozess von C.-Otto Scharmer)

Deine Mutter und meine Mutter

Angst ist das billigste Zimmer des Hauses.
Ich sähe dich lieber
Besser untergebracht.

Denn deine Mutter und meine Mutter
Waren Freundinnen.

Ich kenne den Gastwirt
In diesem Teil der Welt.
Geh und schlaf dich aus,
Komm morgen wieder
Zu meinen Versen.
Dann werden wir gemeinsam den Freund
besuchen.

Ich sollte keine Versprechungen machen,
Aber ich weiß, dass, wenn du
Irgendwo auf dieser Welt betest,
Etwas Gutes
Geschehen wird.

Gott möchte
Mehr Liebe und Unbeschwertheit in deinen
Augen sehen,
Denn so bezeugst du ihn am besten.

Deine Seele und meine Seele
Saßen einst zusammen im Schoß des
Geliebten
Und neckten sich.

Dein Herz und mein Herz
Sind uralte
Freunde.

Hafiz

Seminare und Ausbildungen für Dialogprozess-Begleitung

Weitere Infos zu Aus- und Weiterbildungen für Dialogprozess-Begleitung sind zu finden unter:

www.dialogprojekt.de

Die Seite ist ein Gemeinschaftsprojekt vom:
- Deutschen Institut für Dialogprozess-Begleitung der Adolf-Reichwein-Gesellschaft e.V.
- institut dialog transnational
- European Network for Dialogue Facilitation

Martina Hartkemeyer
Dipl. Biologin, Dr. rer. pol., Leiterin des Deutschen Instituts für Dialogprozess-Begleitung der Adolf-Reichwein-Gesellschaft in Bramsche, nationale und internationale Seminare in deutscher und englischer Sprache, Ausbilderin für Dialogprozess-Begleitung, Vorträge, Lehraufträge und Workshops für verschiedene Institutionen und Universitäten; vier Kinder, zehn Enkelkinder.

Johannes Hartkemeyer
(1950 - 2019) Diplomingenieur, Diplompädagoge, Dr. rer pol., ab 1975 in der Erwachsenenbildung, bis 2009 Direktor der Volkshochschule der Stadt Osnabrück, langjähriger Lehrbeauftragter für Bildungssoziologie und Lernkultur an der Universität Osnabrück;
Mitbegründer des Niedersächsischen Instituts für frühkindliche Bildung und Entwicklung (NIFBE); Bundesverdienstkreuz „für sein soziales, ökologisches und bildungspolitisches Engagement" (2007).

Tobias Hartkemeyer
Dr. agr., Lehrer, Landwirt, Pionier im Bereich Solidarische Landwirtschaft, Mitbegründer der AG Handlungspädagogik, Expert Fellow an der Akademie für Potentialentfaltung, Vorstandsmitglied der Adolf-Reichwein-Gesellschaft e.V. und des European Network for Dialogue Facilitation, Ausbilder für Dialogprozess-Begleitung, verheiratet, vier Kinder.

Kirchgartenstr. 1, 60439 Frankfurt
Tel. 069-58 46 47, Fax 069-58 46 16
Mail: vertrieb@info3.de
www.info3.de